金融科技50人论坛
FinTech 50 Forum

金融科技15讲

杨涛 / 主编

人民日报出版社
北 京

图书在版编目（CIP）数据

金融科技 15 讲 / 杨涛主编 . — 北京：人民日报出版社，2021.6
ISBN 978-7-5115-5174-0

Ⅰ. ①金… Ⅱ. ①杨… Ⅲ. ①金融—科学技术—研究 Ⅳ. ① F830

中国版本图书馆 CIP 数据核字（2021）第 098172 号

书　　名：金融科技 15 讲
JINRONG KEJI 15 JIANG
主　　编：杨　涛

出 版 人：刘华新
责任编辑：蒋菊平　徐　澜
特约编辑：李　理　王　靖
版式设计：九章文化

出版发行：人民日报出版社
社　　址：北京金台西路 2 号
邮政编码：100733
发行热线：(010) 65369527　65369846　65369509　65369510
邮购热线：(010) 65369530　65363527
编辑热线：(010) 65369528
网　　址：www.peopledailypress.com
经　　销：新华书店
印　　刷：大厂回族自治县彩虹印刷有限公司
法律顾问：北京科宇律师事务所　010-83622312

开　　本：710mm×1000mm　1/16
字　　数：164 千字
印　　张：17
版　　次：2021 年 6 月第 1 版　　2021 年 6 月第 1 次印刷

书　　号：ISBN 978-7-5115-5174-0
定　　价：48.00 元

前言

杨涛

数字鸿沟、金融科技与跨越挑战

1999年，美国国家远程通信和信息管理局（NTIA）在名为《在网络中落伍：定义数字鸿沟》的报告中指出：数字鸿沟（Digital Divide）是在那些拥有信息时代的工具的人以及那些未曾拥有者之间存在的鸿沟。进入21世纪，伴随着全球化演进，数字鸿沟始终如一道“伤疤”横亘在突飞猛进的数字化“地球村”梦想中，并且在“后WTO时代”的分化中变得更令人侧目，因为其被赋予了更多伦理内涵，即由于对数字化要素适应、拥有、应用能力的不同，而加剧了不同主体的福利落差与财富差距。

数字化浪潮已经不可阻挡地扑面而来，把所有的人都卷入其中，也深刻改变了经济社会运行模式。数字鸿沟并不仅局限于对信息、技术的担忧，而且反映了展现诸多矛盾与挑战的“时代鸿沟”。除了各界通常热议的话题，我们可以从更多元化的视角加以梳理。

最令人感觉沉重的，就是各国财富与收入的两极分化日益严重。据统计，自20世纪70年代以来，美国的劳动份额已经开始下降，比其他发达国家都更早，在过去20年下降得更为剧烈。而在疫情影响下，这一问题持续加剧，据美联储报告显示，2020年美国最富的前1%和10%人口分别占有了全部家庭财富的30.5%和69%，而最穷的50%人口仅占全部家庭财富的1.9%。我国也面临相应挑战，据西南财经大学对3万多家庭的调查显示，2020年高收入家庭财富增加明显，而低收入家庭财富减少也很显著。不得不承认，不同阶层适应数字化、信息化的极大差异，对这些分化也有较大影响，以至于出现“折叠社会”，数字化的“高大上”与远离数字化的“活下去”在诸多领域共存。

再就是经济结构层面，失衡与分化曾一度困扰着我国经济。产业结构、需求结构、地区结构、城乡结构等，都存在大量的不协调，在当前疫情影响下甚至有所加剧。即便是在数字经济内部也存在典型的“鸿沟”。数字化可包括三大层次：新“数字经济”即数字产业化、传统产业的“数字化改造”即产业数字化，以及数字化基础设施建设。过去数字产业化是重点关注的核心突破点，但现在最迫切的问题是传统产业数字化改造程度极低，导致整个经济的“全要素生产率”难以真正提高。

还有大数据时代存在的“信息能力鸿沟”与“幸存者偏差”。通常认为，大数据有助于缓解经济社会发展中的信息不对称，但需看到，信息社会的个体从过去难以获取数据，到陷入海量数据，是甚至大量“垃圾信息”之中，在分析能力不足的情况下，同样难以获取和甄别“有效信息”，无法保障个体权益。同时，“幸存者偏差”

也表明“数据可能撒谎”，真正科学、有效认识数据并不容易。这是一种常见的逻辑谬误，意思是人们只能看到经过某种筛选而产生的结果，而没有意识到筛选的过程，因此忽略了被筛选掉的关键信息。

当然，在数字化转型的大势之下，金融领域也概莫能外。从互联网金融到金融科技、数字金融，始终牵动着理论界、政策层、业界和社会公众的“敏感神经”。同样，在金融领域也产生了诸多“鸿沟”和“冲突”。例如，金融架构走向分布式与集中式的鸿沟并非那么容易弥合。随着AI、云计算应用和普及，以及各行业数字化转型加速，分布式架构已成为热门话题。数字化与分散化、智能化、去中心似乎一直关联，由此也带来分布式金融模式等深远变革。但与此同时，集中式的技术、架构到模式也并非能被简单颠覆，如在证券清算结算领域，中央对手方机制仍然被证明是高效安全的。

再如，金融活动中新技术与制度的错位鸿沟，一方面新技术突飞猛进发展，已经深入到支付清算、资金配置、风险管理等全部金融功能层面，另一方面金融数据（替代数据）的生产、加工、流通、消费，乃至与数字化相关的众多“前沿”金融活动，都还缺乏法律、法规乃至道德伦理的约束。还有，金融科技的宏大叙事与微观基础之间的“脱节”，在我们似乎已经踏上数字化“宇宙飞船”之时，仍有许多市场生态不完善、基础设施不健全的问题亟待解决。

事实上，进入2021年，关于金融科技创新与发展的讨论似乎又到了一个窗口期。首先，对其概念内涵又产生了一些争议。一方面，在央行金融科技“三年规划”进入收尾之际，各方逐渐接受了金融稳定理事会（FSB）的定义，即金融科技是指技术带来的金融创新，它能创造新的业务模式、应用、流程或产品，从而对金融市场、金融机构或者金融服务的提供方式造成重大影响。另一方面，无论是对互联网金融的整顿与反思，还是2020年以来对进入金融业的大型互联网平台治理，又使得某些偏颇认识甚嚣尘上，如认为金融科技就是指“大型科技企业做金融”，或者认为“技术企业给金融机构做外包服务而已”。

对此，我们认为金融与科技的融合是天然的。首先，从功能来看，几乎所有金融业务都离不开新技术的影响和冲击；而就从业主体看，最需要关注的就是四个方面：一是持牌金融机构的数字化转型，包括战略、组织、产品与业务、风控等各方面；二是大型科技企业如何合规地开展技术与金融的创新；三是技术、互联网企业如何与持牌金融机构合规、高效地合作，既非过去金融机构技术外包的传统范畴，也不能任由其“越界”而承担银行应有职责；四是数据、征信、基础技术、金融标准等金融科技市场设施的运营。只有厘清关注的重点问题，才能避免金融科技创新中的概念混淆与“鸡同鸭讲”。

其次，新形势下的金融科技创新需把握好价值与安全的平衡。所谓价值，既强调能否提升金融运行的效率与效益，更需要体现金融科技的经济社会价值，如就前期已入围的“监管沙盒”项目看，多数都聚焦于：着力提升便民惠民服务能力、纾解小微企业融资困局、助力赋能乡村振兴战略、进一步延伸金融服务范围等。所谓安全，则是指金融科技的创新，在系统性风险层面不应该增加负面因素冲击，而应该有助于缓解现有矛盾；在非系统性风险层面，则应有利于运用新技术更好地进行风险管理与分散。

最后，金融科技创新不能只“叫好不叫座”。这就需要真正探索落地场景，并实现商业可持续性。迄今为止，许多的金融科技创新项目或者是“锦上添花”，或者是“PPT价值”，难以在解决场景痛点、风险可控与商业内在价值之间实现平衡。要在此方面有所改观，或许需要金融科技创新“放下架子”从降低成本、提高效率的“点点滴滴”做起，并且更好地融入产业数字化的经济内在需求。

为了在新形势下更好地探讨这些“烧脑”问题，我们邀请了在金融科技研究领域颇有建树的一批专家，选择其精华文章和观点，结集成了本书。他们分别来自科研院校、政府及监管部门、行业协会、金融机构及科技企业等领域。由此，不同视角下对金融科技的全方位探讨，有助于在“头脑风暴”式的观点交锋中，为读者穿越新金融“迷雾”而提供帮助。

无论如何，面对历史少有的机遇与挑战，对中国经济金融的变革大势如何“把脉”？金融科技与数字化转型究竟走向何方？这都是我们面临的重大历史命题。虽然并不容易给出确定答案，但也可以试图探讨几方面的共识基础。一则，或许每个时代都有其数字鸿沟，这是信息化社会长期存在的事实，只能在快速迭代中“缓解”而无法消除；二则，理性的应对是在数字化发展中缓解矛盾和不足，而非简单粗暴地遏制，公开、透明的数字化变革始终是经济金融可持续发展的主流方向；三则，应区分问题背后的道德层面与市场层面因素，不应以“泛道德化”来扭曲市场行为，也不能在数字化“狂热”中丧失伦理底线；四则，透过矛盾与问题的表象，更需抓住背后更深层次的源头，而非纠结于“唯技术论”，才能从根本上缓解创新演变中的矛盾；五则，除了推动各方以“救济措施”应对短期的“数字化失灵”，不断加强“软”“硬”基础设施建设才是根本，包括金融新基建、教育与人力资本、信用体系、标准体系等。

CONTENTS

·目录·

下　篇　从业者说

上篇

研究者说

第1讲

完善制度是金融科技健康发展的前提

李扬

中国社会科学院学部委员，国家金融与发展实验室理事长以金融科技的手段来提升金融服务实体经济效率，是金融业高质量发展的必由之路。但中国金融科技发展的历程较为曲折，造成互联网金融在我国“未中兴而至末路”困境的主因是互联网金融发展的金融体制环境自身存在严重扭曲。为了让金融科技和监管科技有一个好的发展，还需要在基本的金融制度上加以改革。只有在机制健全、运行正常的金融体制机制下，新的技术应用才会沿着正常、高效的路径发展，才能产生正面、积极的效果。

促进监管科技发展不可忽视的一个重要方面，就是创造一个能够让监管科技正常发挥作用的体制机制条件，否则，体制机制不顺，金融科技发展有可能误入歧途，甚至产生副作用。因此，推进金融体制改革，完善金融体制机制，对金融科技的发展和应用，具有前提性意义。中国金融科技发展的曲折历程，可为佐证。

大约10年前，计算机、互联网开始在中国广泛应用，并逐渐向金融领域渗透。当时，科技企业对金融业的介入，是从“支付清算”领域入手的，并由此引发了金融科技的大爆发。然而，当时的监管当局，并未给予足够的重视。

真正做金融的人都知道，在金融所有的功能里，支付清算是第一功能，而且是最重要的、不可被替代的功能。金融的基础是货币，观察货币问题，有存量和流量之别。和经济运行直接有关的是货币的流量，即进入交易过程的货币，支付清算之所以重要，在于它直接承载着货币的流动，反映的是国民经济的交易过程，以及国民收入的形成过程。值得注意的是，支付清算自身并不触及货币创造，它只是使被创造出的货币存量流动起来，并通过影响货币流通速度改变货币流量，从而发挥其促进交易、促进经济发展的功能。

当然，随着经济发展，基于互联网、支付清算平台，衍生出多种“造币”功能。然而，仔细分析便会看到，近年来自诩为“币”的东西中的绝大部分其实只是资产，是数字化的资产，它们都还不是货币。因为货币的首要功能是价值尺度，作为价值尺度，其必要条件是自身的价格稳定。另外，作为货币，它还通常需要有流通手段、支付手段、贮藏手段等功能。对应这些条件，绝大部分的“币”都不是货币，实质上只是新的资产形式而已。

在中国，2013年被公认为互联网金融的“元年”，互联网金融自此便迅猛发展。应当说，互联网金融的发展，一定程度上提升了金融交易的效率。2014年，经过相当激烈的争论，监管部门对互联网金融的态度从怀疑转向了支持，这使得2015年的《政府工作报告》中写入了支持互联网金融发展的内容。但是，由于认识不足和监管一定程度的不到位，互联网金融的发展在中国创造出了第一波的科技“泡沫”，引发了多种类型的金融风险，致使七部委联手于2016年开始对互联网金融进行整顿，至今尚未结束。

互联网金融在中国的大起大落值得我们深思：为何一个技术上非常先进而且可能带来行业革命的好东西，突然就变得“作恶多端”，以至于需要多个监管部门联合出手整治？追根溯源，是因为它赖以发展的经济和金融环境存在一定的扭曲，导致技术上先进的互联网金融走上了歧途。这就是本文所要阐述的主要命题：只有在机制健全、运行正常的金融体制机制下，新的技术应用才会沿着正常、有效率的路径发展，才能产生正面、积极的效果。换言之，互联网金融发展的金融体制环境自身存在严重扭曲是造成互联网金融在中国“未中兴而至末路”困境的主因。

简单地说，中国金融管制相对较严，属于典型的金融压抑体制。我国经济从计划经济向市场经济转轨，虽然金融业走上了市场化道路，但是由于政府高度垄断，同时也因为金融本就是一个特许经营部门，金融业的准入门槛相对较高，其利润也相对较高。因此，想方设法进入金融领域，分享金融的垄断利润，就成为很多人孜孜以求的目标。客观地说，即便到了今天，进入金融业的道路依然是不畅通的，因此，只要有机会，只要可以绕过监管，进入金融领域去“做金融”，人们几乎是不惜代价的。通过科技手段进入金融业，就是一个很好的切入点。金融服务实体经济过程中，随着经济体制的市场化转轨和被服务对象的普惠化，以金融科技的手段来提升金融服务实体经济效率，是金融业高质量发展的必由之路，也是金融科技更好地合规发展的唯一出路。所以，大力发展金融科技，要注意以下三方面。

一、要进一步改革金融体系，特别是改革我国金融的基本体制机制

中国作为发展中国家，金融发展一般有两个基本方向：一个方向是不断借鉴、引进国外的成熟经验。如今，即便中国在金融科技发展方面有了长足发展，仍然需要从国外引进先进理念、先进技术、先进管理，以实现创新发展。另一个方向是根据现代市场经济发展的需要，不断“补”市场经济的“基础课”。后者往往比前者更为重要。因为，若无后者的健康发展，好的东西都会变质、变坏。“橘生淮南则为橘，生于淮北则为枳”说的就是这个道理。互联网金融在中国的发展就是实例，因其赖以生存、发展的“土壤”存在问题，所以它的发展就给中国带来了新的风险。不妨讨论得细致一些，大家知道，整顿互联网金融的一项内容，就是整饬那些形成并经营“资金池”的互联网金融平台。什么是资金池业务呢？就是像传统商业银行那样致力于吸收存款、发放贷款，赚取存贷款“息差”的业务。也就是说，我们打击的是那些仅仅复制传统商业银行功能的互联网金融，打击的是那些兴办传统金融业务，却不接受加诸传统机构之上各项严格监管要求（如准备金要求、资本金要求、备付金要求等）的互联网金融。整顿的另一项任务是打击那些变相发行各类证券并基于互联网平台进行拆细且连续交易的互联网金融。这样一些机构，

事实上是传统券商的复制品，但是，它们同样经营券商业务，却不接受券商所接受的各项监管要求。

可以提出的问题是，为什么身负改造传统金融业之重任的互联网金融，在中国的发展却是因循传统金融之路，而且起到了破坏金融秩序的坏作用？主要原因是，我们的传统金融业发展还很不充分，仍然存在很高的“租”，我国金融业“制度性利差明显，一度存在坐地收钱的强势思维”。这种租金之高，不断吸引着人们利用各种手段去规避监管，以期进入金融领域去分享垄断利润。面对几乎唾手可得的“租”，人们当然不屑于去花费精力进行真正的金融创新。

从互联网金融的起伏历史中可以得到的认识是：我们必须建立有效的金融体制机制，必须解除金融压抑，必须在金融业中形成有效的市场竞争，必须“挤干净”我国金融领域因过度管制所形成的“租”，我们需引进新的金融科技，它们才不会走上“寻租”的歧途，它们才会向科技要竞争优势，向科技要金融效益。

二、金融科技和监管科技的发展，要紧紧围绕金融的本质要素展开

金融有三大基本要素：其一是信息。本质上，金融是一个信息行业，很早就有研究指出，金融业97%的产值产生于信息收集、信息处理、信息分配和信息使用。其二是资本。这是控制杠杆率、进

而控制风险的主要抓手。其三是透明度。这是避免黑箱操作，避免金融业因专业性较强而较易躲开公众监督之弊端的制度安排。金融科技和监管科技的发展，应当紧紧围绕上述三个重点展开。

监管科技在收集、分析、使用信息方面，可有无穷的用武之地。手中握有现代科技手段，我们就不会局限于过去单一的结构性信息，而应将大量的非结构性信息，如社交信息、影像图像信息等，囊括在内。在此基础上，整个金融业的信息链条还扩展到信息收集、处理、分析和挖掘等多个环节。针对中国的现状，如下三方面尤其需要重视：第一，破除信息孤岛。目前，中国的信息不可谓不多，各个行政部门、事业单位、企业都会收集信息，但遗憾的是，由于缺乏协调，不同部门之间信息存在割裂的孤岛。如何实现这些信息的打通和共享，以及在监管部门、商业领域之间的合理合法使用，便成为一个重要问题，其涉及面很广，需要顶层设计，层层推进。第二，各类信息的数字化问题。信息的数字化，并不仅仅意味着将现存的各类信息换一个数字的载体去保存，而首先是将所有的信息数字化，然后将这些数字信息筛选、集成，变成可以方便查询、可以编程、可以依据一定算法进行挖掘的“活库”。第三，提升算法和算力，促进人工智能（AI）发展。从中国情况来看，经过不懈的努力，我国的算力已经有了突飞猛进的提升，但是由于长期不重视科学研究，我国算法在世界上依然处于学习、引进水平。这种状况与我国整个科学教育体系在理工里面偏工程、在工程里面偏应用的格局有关。因此，发展金融科技和监管科技，必须也要改革我国的基础教育制度和研究体系。

在资本要求和相关的杠杆率方面，首先要准确界定权益资产和负债，在此基础上，对杠杆率的讨论方才有意义。因为，真正的杠杆率需要考虑的是权益对资产的比例关系。目前我国经济学界谈杠杆率，分母通常选择国内生产总值（GDP），从实际状况而言，其中的经济分析意义是比较弱的。中国发展金融科技和监管科技，也需要准确地识别权益，否则其分析对象、服务对象、监管对象，其法律状态和监管举措的实施性都不太明确。

在透明度方面，很难做到彻底穿透性监管，但监管当局的责任在于，最重要的领域必须实现穿透式监管，最重要的信息要求监管对象必须披露，与其配套的，要有非常严厉的打击和惩罚欺诈的法律体系。遗憾的是，目前欺诈在中国受到的法律制裁相对较轻，但对社会而言，这是最严重和最致命的“癌症”。如果欺诈不能够得到有效制止，信用环境就无法建立，经济发展的根基就得不到有效的法律保障，我们的一切改革和高质量发展就都谈不上。因此，我们可以借鉴美国在金融危机之后出台的沃尔克规则，对透明度问题、资本问题、真实性问题等关键点提出规范和要求。

三、要明确监管定位和权责

在发展、创新和监管之间，监管永远是滞后的，监管不可能发展在前面，否则就成了先验主义。那么，在监管可能永远跟不上创新制度的情况下应该怎么办？第一，抓住关键。在关键的点上要严格要求，严厉打击。如今，我国强调强监管，但强监管不一定等于好监管，要想变“强监管”为“好监管”，就需要在重点领域加大监管覆盖和监管力度，而在促进创新活力的方面，则需要保证监管宽容，让整个市场在良好的监管环境中保持活力，获得长足发展。因此，好监管其实是构建促使市场良性发展的监管构架。第二，让懂市场的人来做监管。2018年资管新规的出台获得广泛讨论，其方向和初衷都是对的，但客观地说，在一定程度上，它也造成了监管重叠、监管共振和去杠杆过快而带来的风险。因此，负责出台法规性质的监管层一定要有丰富的监管经验、市场经验和足够的知识，可以把自身经验和行业经验变为理论，再上升为政策法规条文，变成可遵循和实施的一般规律。简言之，完善监管必须扎根市场，而不能只靠书斋里的“理论”。

体制机制的改革是渐进性改革，不可能一蹴而就。目前，在一系列体制机制的问题还需要继续完善的情况下，监管层的做法是值得赞赏的，兼容并包，借助市场的科技力量，听取更有经验的人的建议来完善监管框架，努力达成监管、市场和机构的共识，这是在金融领域推行供给侧结构性改革的要点。

第2讲

疫情过后，金融科技发展的三大方向

朱民

清华大学国家金融研究院院长，国际货币基金组织原副总裁我在疫情后期观察到，未来金融科技有三个比较主要的方向。第一，金融科技内生模式会越来越走向整体智能化运营。第二，区块链的作用会日益凸显。区块链和金融科技、供应链金融结合会产生很多的场景，同时金融科技和区块链结合，是未来产业数字化转型一个特别重要的方向。第三，央行数字货币进入整个金融系统以后，将从根本上改变金融的生态，也在根本上改变金融科技发展的轨迹和规范。

一、金融科技向整体智能化发展

这次疫情中，数字化、智能化的应用非常广泛，从物资的应急供应到数字化物流、在线消费生活服务、线上线下结合的本地生活服务，非常的活跃。在线医疗，在线诊断和O2O送药都逐渐能够满足公众需求，上升很快。在线办公和学习方面，有两亿多人在家办公，两亿多学生在家学习、上课，使得通信、任务管理、设计管理等远程办公的智能服务大大提升。最后，因为AR、VR的发展，连买车买房都变成了在线销售。这是一个很大的变化。

回想2003年，“非典”期间的隔离大大促进了电商的发展，包括阿里、京东等等，其实都是在2003年以后大幅度发展起来的。这次疫情期间，也出现了一系列的新经济、新业态。餐饮、零售、新鲜送菜、共享员工、医疗卫生已经非常普及，微生态制剂、远程医疗、医疗机器人在此次疫情期间也有很多实践和应用。公共管理、社区管理，与智能化社区管理以及智能化的距离间隔，在复工、追踪过程中发挥了很大的作用。运输和物流方面，无人配送等都开始产生，旅游、娱乐等行业从线下走到线上，从大的空间走到个人。

归纳一下，即此次疫情期间，整个服务业的结构发生了变化，走向多样化、线上化、数字化、智能化和市场化。新冠肺炎疫情使人流阻隔，物流受阻。当线下销售受到阻碍，劳动力、原料供给受到冲击，传统业态就发生了变化，“无人经济”和无接触的虚拟现实开始发展。消费者的体验也正从有形转向无形。疫情后，教育、医疗、公共卫生管理等地域性较强的行业将更多地打破空间、地域限制，利用现代信息化技术增加市场竞争性，获得显著的规模效益，有效提高非市场化服务业劳动生产率。同时，疫情后，信息技术会进一步向更多的细分市场、服务业延伸，向信息与数据链接薄弱的行业、产业链环和地域延伸，在既有基础上衍生出更加多样化的新业态、新模式。

制造业同样面临巨大变化。新冠肺炎疫情造成人流阻隔、物流受阻，产品销售不畅，劳动力短缺，原材料供应不足，所以下游端口的数据接通和信息化，工业机器人和设备设施的互联、上游端口的数据连通与信息化，整个产业链端对端的无缝连接发生了很大的变化，所以商业模式和行业生态也在发生很大的变化。部分企业疫情前开始的数字化转型，在疫情期间速度加快。究其根本原因，数字化转型已经不再局限于企业内部的流程转型，开始走向社会，数字化把销售、物流等环节全部联系起来，这是一个很大的变化。

之所以从服务业和制造业两个方面谈疫情的影响，是因为客体发生变化时，金融服务业也必须相应地做出改变。

在这一背景下，国家和政府注意到了数字化新业态的发展产生，提出新型基础设施建设推动经济转型和增长。新基建的核心理念是在传统的物流和人流之上增加数据流，并用基础设施来支持和发展数据流。5G、人工智能、大数据、工业互联网都是其中的核心部分。在数据流之上，有产业流、资金流，这是经营部分，最后走向价值流，走向最终产值的产生。新基建是很重要的战略决策，因为根本上，当客体变化时，基础设施开始形成，金融业在服务对象和运载工具方面得到支持的时候，金融业就开始变化了。所以5G的基建、大数据中心、人工智能、工业互联网等方面的发展会推动智慧城市、智慧家园、智慧警务、智慧消防等一系列应用场景向智慧化发展。这就是金融业服务客体的变化，理解这点很重要，因为金融业是服务业，金融业服务的客体变了，金融业本身也会随之变化。

基础设施建设是国家一贯推进的。国务院在2017年就开始制定规划，2018年、2019连续发表了三个重要的人工智能规划，把人工智能上升至国家战略高度。第一步是我国AI在2017年到2020年要同步世界先进水平。今天，特别在计算机视觉，语音识别，在人工智能方面的论文发表数量以及国际公认的人工智能企业方面，中国已经和美国走得很接近了。下一步计划是在2020年到2025年，达到世界领先水平。下一个五年是一个关键，是从规模和量走向质的突破的五年，这个五年对金融业很重要。因为新型基础设施建设是金融业，特别是金融科技的技术基础。

在这一战略下，2020年到2022年我国会加速对5G基站的建设。通常五年完成一个G的基站的升级换代，中国现在有370万个4G基站，占全球基站的52%，按照原定计划我们是2019年开始做，从2020年开始加大5G建设，然后2021年是个大年，一直到2023年逐渐把5G基站做完。中国现在已经有5000万5G用户，毫无疑问是世界上规模最大的市场，随着5G的铺开，整个场景的丰富、速度、规模以及时延的减少为金融业提供了很大的支撑。

在技术上，中央特别强调工业互联网。工业互联网建设在前几年就开始了，2020年是工业互联网的一个重要年份，有了5G、大数据和云，工业互联网就可以开始实施。从2018年开始，工信部下发了一系列的计划指引，推动工业互联网的发展。现在不是在企业内，是跨行业，在行业内把整个工业连起来。（所以到2020年底，我国工业互联网方面，IPv6节点会超过美国，国家会做5个左右标识解析国家节点，遴选十家左右跨行业、跨领域工业互联网平台，培育30万个工业APP。先把设备先给连起来，然后才能让它们通。）

工业互联网网络基础设施建设其实表明了数字化正从ToC转向ToB。这一场景的根本转化要求所有金融机构的数字化转型也要从

ToC转向ToB，且这个场景的市场规模和数字丰富性远远超过我们能看到和想象中的之前经历过的2C。所以这是一个极其丰富的场景和巨大的空间。将带来很大的发展。

疫情推动金融业服务主体的变化，同时也推动金融业所需科学技术的变革。5G是个载体，它为人工智能、大数据和云的发展提供了有力的基础设施，金融业才能往下走。

未来是智能社会、数字社会，现在国家政策是国家花大力气建设基础设施（数据、人工智能、算力、5G和云计算）。基础设施建成以后，就会出现两个现象。一是，整个科技向大的基础设施靠拢，不断完善基础设施，云服务、大数据、数据库、分布式储存都会出现；二是，在基础设施上会有无数商业场景落地，智慧交通、智慧城市、智慧政府、智慧金融等都会出现。而金融只是要跟上这个潮流，紧跟所有应用场景的变化以及用新的科技武装自己。这是金融科技面临的最大的机遇，也是最大的挑战，因为在供给技术和需求服务方面数字化转型其实发生得很快。换一个角度来看，一方面是技术，物联网、云解决方案、数字化生产、大数据分析等，一方面是新的需求，万物感知、产品和服务客制化、跨界融合、数据驱动等，两方力量都在推动金融科技的发展和金融业的转型，都在给金融业的发展和金融科技的进一步转型和发展提出挑战。

在这一背景下，金融科技内生模式做出改变，需要注意三个方面。

第一，根据客户、技术的变化，实现整个金融业内部的提升。

其实现在讲的金融科技，很多始自小微贷款。小微贷款的难度在于高风险成本、高经营成本、高服务成本。但是以上这些问题，通过金融科技大数据和人工智能能够得到解决，如大数据风控、数字化营销、互联网产品设计，互联网与云技术的跨域。小微贷款模式是一个很好的模式。这一模式在新的情况下要突破，并更上一个台阶。金融科技对金融企业的管理体制、产品、服务流程、市场理念提出了根本性的挑战。

第二，金融科技要从普惠金融突破智能化。先是人工智能做营销，做客服，获取海量客户。再通过生物特征，如人脸识别、虹膜识别、声纹识别等对客户进行确认。然后再通过大数据风控实现对弱资信群体的授信，且这一全过程是跨地域的。实现智能化突破，这需要在今天已有的模式上再往前走一步。现有模式较多集中在大数据风控上，其实还没有形成系统的道德风控。同时，海量客户的人工智能获客刚刚开始，但还没有形成基于金融科技的系统化解决方案和智能运营体系。这与网络铺设不足、存在技术约束都有关系。相信随着新型基础设施建设的铺开，这些问题都会得到解决。

第三，金融业的服务模式必须走向场景化获客，标准化风控和数字化运营。其中数字化运营特别重要。现在的金融科技企业，在做金融业务的时候，关注点或多或少集中在标准化风控。企业逐渐开始用人工智能获客但是还没完全做到场景化获客。目前最大的问题是要把所有东西集中起来统一进行数字化运营。因为只有当获客、风控、产品、服务流程在线上变成闭环的时候，才真正完成了数字化转型。

今天，技术条件和客户条件已经具备，下一步需要金融机构提升三大核心能力。一是场景的开发与合作。合作特别重要，金融机构必须和场景所有者合作。二是数据的整合和分析。现在的数据整合不够，分析也还达不到精准。三是数据的开发和运营。这是现有金融机构升级换代的根本性挑战。

二、区块链的作用日益凸显

疫情后，金融科技未来发展的第二个新方向是区块链。为什么是区块链？因为当服务客体从2C走向2B的时候，区块链在其中可以发挥很大的作用。现在区块链做交易、清算是完全可能，特别是交易所、贸易融资、数字货币等。现在有很多区块链平台，蚂蚁金服的、腾讯的、平安的、万向的平台以及区块链开源框架。这些平台的核心技术基本一致，但也有很多的不同。

区块链进一步和产业数字化结合，辅以金融服务，是金融业特别重要的未来发展方向之一，有三种发展可能。第一，区块链+产业链金融。区块链+产业链金融就是核心企业、链属企业和金融机构的统一。而统一的前提是核心企业和链属企业在数字化过程中能够把相关产业链做起来，金融机构只是进入产业链。这是一个极其宽广的市场，已经不是做简单的外贸、简单的现金流管理，等等。在银行业务中，外贸的抵押单据、贷款、订单等都是产业链金融的起步阶段，现在已经远远走过那一阶段。第二，产业链金融+金融科技/大数据金融。根本上是把贸易信用，或严格说交易信用，区块链产业金融和主体信用、大数据金融结合起来。第三，金融科技+供应链金融。即为供应链上末端的小微企业提供的服务。本来供应链只是做交易的质押型信用，现在加入主体信用以后，对企业的风险预警、用户管理，对企业的贷款，就完全可以做了。以往工厂采购、订单、入库、开票、账期、结算、销售这一传统的供应链现在可以衍生出极其丰富的主体信用服务，在根本上改变了区块链金融。这也意味着企业智能化为金融服务打开了窗口。

那么目前，金融科技和区块链在产业链金融上有哪些应用？其实应用是很广泛的。如将区块链应用在汽车库金融、互联网质押、征信以及贸易福费廷。而在传统的供应链中，可以提供很多派生的金融业务，如风险管理业务。

三、数字货币将从根本上改变金融生态

疫情后，金融科技发展的最后一个大的方向是数字货币。天秤币从2019年6月高调出台以后遇到了很多问题，监管是一个方面，最主要的是天秤币的一篮子货币计划得不到各国央行的支持，在清算

上没法落实。所以它做出了改变。在总的大的平台上还是一篮子货币，但是在具体实施中，在每一个当地的国家是单一货币，所以它变成了稳定币。而且天秤币也低调了，表示自身只是一个支付清算系统。但是实质上，它是稳定币，虽然它可以从支付清算开始参与，但从现在的产品设计来看，它其实还具有储值功能和交易功能，在一定意义上还有增值功能。从这个意义上来说，天秤币会对很多央行货币、法定货币提出挑战，特别是对于一些弱小国家的法定货币。而且天秤币会对央行货币政策造成冲击，所以央行不得不应战。因此，在天秤币2.0白皮书发布后，各国央行都表示会加速央行数字货币开发以及出台发行计划。未来，央行数字货币、稳定币和加密货币，三者可能会共存。这在根本上改变了金融生态。

数字货币和区块链生态出现以后，现有的金融生态从根本上改变了。一个区块链平台是公有链还是联盟链，现在这两者之间还是有很多的跳跃，其中牵涉不同的选择。央行数字货币开始出现，当前央行数字货币的设计比较多的是两层，数字货币和电子支付（DC/EP），金融科技就在这个全新的环境里，这是一个根本的生态变化。国际上，各国现在尝试的模式和制度很不一样，美国国会曾提出美联储要发行新型货币，可以使得资金直接到中小企业和个人手中，那就把银行等金融中介全部架空了。所以这将是一个巨大的变化。央行数字货币才刚刚开始，但是我们必须看到未来。

如果把上述的三个方向拢在一起看，就可以看到世界正又一次发生根本性的变化，疫情正推动数字化和智能化的发展，推动实体经济和服务业根本的金融服务对象的数字化和智能化的发展。与此同时，因为新基建提供的基础设施又给金融科技提供了新的基础设施工具，两者都在给金融科技提出挑战和需求。变化是如此的巨大，金融科技企业的内生模式、数字化运营要产生根本的变化，数字化的根本架构迭代和优化在今天的场景下5G、云、人工智能、大数据下是自动生成的过程，这也是未来。

所以在数字化的系统里，外部是物理世界，产生各种活动，活动进入观察的世界，在观察的世界进行智能化和运营，而这整体是一系列极其复杂的自反馈、反馈和自迭代过程，使整个系统不断地优化和迭代，不断地满足需求，使金融业能够不断地跟上变化的服务主体，服务业和工业的变化，不断跟上技术的变化，使其在未来能够成为赢家。疫情带来了很多变化，为金融科技提供了极其宽广的场景。当然，挑战和竞争也一定在那里。

第3讲

数字经济加持，金融科技加速

邬贺铨

中国工程院院士

一、数字经济加持

作为20世纪最伟大发明之一的互联网改变了社会，互联网为移动互联网、大数据、云计算、人工智能、区块链、物联网等新一代信息技术架起了平台，从消费应用扩展到产业应用，越来越显示出更强的创新引擎作用，赋予工业革命持续发展的新动能，促进了传统产业的数字化网络化智能化转型升级，衍生出新的经济业态。2020年7月G20沙特峰会给出数字经济的定义，“数字经济包括所有依赖数字投入或通过使用数字投入而得到显著加强的经济活动，包括数字技术、新型基础设施、数字服务与数据。涵盖经济活动中使用这些数字投入的所有生产者和消费者，包括政府”。按中国信通院发布的报告，全球47个主要国家的数字经济增加值占GDP比重为41.5%，发达国家的数字经济对GDP的贡献度已经超过50%，我国2019年GDP中数字经济占比为36.2%，对经济增长贡献率达到67.7%，按可比口径计算我国数字经济名义增长15.6%，数字经济已经成为我国经济增长的支柱。

从发展势头看，现在正处在信息技术发展的快速迭代期，按照前两次工业革命各持续100年左右考虑，从50多年前互联网发明算起的信息革命将持续到21世纪末，这是数字经济发展的黄金时期。正如习近平总书记指出的，“未来几十年，新一轮科技革命和产业变革将同人类社会发展形成历史性交汇，工程科技进步和创新将成为推动人类社会发展的重要引擎。信息技术成为率先渗透到经济社会生活各领域的先导技术，将促进以物质生产、物质服务为主的经济发展模式向以信息生产、信息服务为主的经济发展模式转变，世界正在进入以信息产业为主导的新经济发展时期”。

当前世界各国都处在历史性的数字转型期间，都将发展信息技术摆在国家战略的重要位置，把数字经济作为谋求竞争新优势的战略方向。美国先后发布《国家安全网络空间战略》《国家网络空间战略》，以“培育一个充满活力和弹性的数字经济”为其重要目标。2016年美国国家经济委员会还发布了《金融科技框架》白皮书，2021年1月美国信息技术与创新基金会发布了《美国全球数字经济大战略》，将中国作为数字经济领域最主要竞争对手，以维持美国全球霸主地位为使命。欧盟委员会2002年就发布了《欧盟信息社会技术发展战略》，随后发布了《欧盟单一数字市场战略》《通用数据保护条例》等文件，在2020年先后发布《塑造欧洲数字未来》《欧洲数据战略》和新的《欧盟网络安全战略》，希望确保欧盟成为“数据赋能”社会的领导者。日本从2001年年初开始实施《e-Japan战略》，2005年升级为《u-Japan战略》，2009年又提出《i-Japan战略2015》，2020年提出《融合创新战略2020》并实施《数字新政》。

中国十分重视数字经济的发展，习近平总书记在2016年10月中央政治局第三十六次集体学习时强调：“世界经济加速向以网络信息技术产业为重要内容的经济活动转变。我们要把握这一历史契机，以信息化培育新动能，用新动能推动新发展。要加大投入，加强信息基础设施建设，推动互联网和实体经济深度融合，加快传统产业数字化、智能化，做大做强数字经济，拓展经济发展新空间。”党的十九大制定了面向新时代的发展蓝图，提出“要建设网络强国、数字中国、智慧社会，推动互联网、大数据、人工智能和实体经济深度融合，发展数字经济、共享经济，培育新增长点、形成新动能”。

中国数字经济的发展具有鲜明的特点，发达国家是在工业化完成后开始数字经济进程，中国是工业化与信息化同步推进，既面临工业基础对数字经济支撑不足的约束，也面临跨越发展的难得机遇。中国更注重数字经济与传统产业的互相促进，通过数字化实现传统产业的质量变革、效率变革、动力变革，并带动生产性服务业的发展，引导商业模式和生活方式加速演进，并落实到智慧社会的建设上。我国有巨量的消费者和全球最多的工程技术人员及数据资源，中国的数字经济有非常显著的规模经济效益与后发优势。

数字经济的发展与数字基础设施建设、数字产业与技术创新能力建设、数字法制建设、数字服务发展、数字生态建设等形成良性循环，数字经济既依赖于上述数字环境的支撑，也促进了数字环境的改进和数字化公共产品的发展。现有的金融体系基于工业经济，数字经济时代必然呼唤金融体系的改革创新，其中金融服务数字化是应有之义，金融科技应运而生。金融科技是技术驱动的金融创新，旨在运用现代科技成果改造或创新金融产品、经营模式、业务流程等，推动金融发展提质增效。金融科技的提出首先是为了满足数字经济时代的客户对方便、快捷、多模、互动、智能、安全的数字化体验需求，增强应对同业特别是对新兴金融科技公司的竞争能力，扩展金融服务的广度与深度及应对风险的强度，顺应加强金融监管和银行业高质量发展的要求。其次，新一代信息技术的发展使得金融科技水到渠成，社会信息化特别是企业数字化转型为金融科技精准服务提供了丰富的大数据。金融科技是信息技术在金融领域的应用场景，它与工业互联网的支撑技术有很多共性，有利于金融科技与产业数字化的新模式新业态对接，但金融科技因行业的特点对信息技术也有更高的要求，金融科技将开拓信息技术的创新空间。

二、信息技术赋能

1.数字基础设施

信息技术体系可以用数字基础设施的分层架构来描述。数字基础设施的底层是基础网络，包括光纤传输系统、以5G为代表的移动通信系统、以IPv6为代表的下一代互联网、物联网等。其上层是企业自身的数据中心或第三方的互联网数据中心，对应云计算的IaaS（基础设施即服务）功能，包括虚拟化网络、计算、存储资源池、安全接入、负载均衡等，由互联网的链路层和网络层协议所支持。再上一层是公有云或私有云，对应于云计算的PaaS（平台即服务），包括开源大数据软件框架、数据建模与分析、人工智能算法和开发工具软件及微服务组件等功能，通常与PaaS配合还有SaaS（软件即服务），含各类管理软件，例如SCM（供应链管理）、ERP（企业资源管理）、CRM（客户关系管理）、PLM（产品寿命管理）等。更上一层将配置DaaS（数据即服务）功能，例如工业互联网的核心平台，包括各类数据与操作系统及数据挖掘与分析工具。在DaaS之上还可以有KaaS（知识即服务）功能，例如各类应用系统，包括应用开发软件、各类行业应用APP、区块链、信息安全系统等。上述各层的组合贯穿数据感知、获取、传输、处理、挖掘与决策的全过程，起到支撑数据作为生产要素的作用，发挥数据的价值。上述数字基础设施架构不仅用于工业互联网原则上也适用于金融服务业，但金融服务业因其特殊性需要对上述架构进行升级改进。

2. TSN（时延敏感网络）

在基础网络层，通常租用运营商光纤专线、互联网或VPN通道（网络切片）互连多个数据中心，这些数据中心可以自建或租用，大型金融机构从两地三中心扩展到三地五中心，增强了系统安全性和负荷承载能力。在租用VPN通道的场景下，考虑到金融业务对传输时延、抖动、丢包率都非常敏感，可在数据链路层中引入TSN（时延敏感网络）协议，在该层以太网报头的虚拟局域网标签中安排QOS（服务质量等级）分类时隙，给出其所承载的IP包需要的服务质量等级，允许高优先级的帧抢占低优先级帧的传输时间以保证低时延。

3. IPv6（第6版互联网协议）

在数据链路层之上的网络层使用IPv6协议不仅有海量的地址可实现源地址溯源，还可提供基于真实源地址的用户身份认证，而且IPv6的报头有很大的可编程空间，可开发更多的新功能。例如，APN6（基于IPv6的应用感知）在IPv6扩展报头的指定时隙中给出该IP流所承载的业务的服务等级及对带宽、时延、抖动、丢包率等性能要求的指示，供运营商选择满足客户需求的通道，而过去仅凭IP地址报头的源地址和目的地地址只能提供选路信息，运营商无法知道该IP流承载何种业务，无法提供针对性的服务。在IPv6地址的报头中还可以加入OAM（操作维护管理）时隙，通过插入误码检测比特可了解丢包率，插入时间标签可测量传输时延，并可获得分段的传输性能，实现对业务故障的自动定界。这是一种在线的随流检测技术，称为iFIT（随流检测），它与离线测量或设置专用测量信道相比，能够真实和实时衡量信道性能，一旦发现信道性能不满足客户要求，运营商将重选路由提供能保证服务质量的信道。IPv6的一个更重要功能是SRv6（基于IPv6的分段选路），依据源节点路由器检测到IPv6报头中的APN6指示，SDN（软件定义网）控制器根据网络资源和业务大数据及用户SLA（服务质量协议）来计算端到端路由，计算得到的分段路由下发到源节点路由器的IPv6扩展报头的标签栈中，沿线路由器按收到的IPv6包所嵌入的路由指示依次转发IP包，沿线路由器不再需要自行计算与选路，SRv6技术可支持流量工程、自动调优、灵活组网、快速保护倒换等网络功能，实现业务快速开通、差异化按需服务、高效组播分发、优化用户体验，还可以通过冗余并发实现高可靠性。基于SRv6可构建SD-WAN（软件定义广域网），它根据客户业务类型和链路性能要求，自动选择物理专线、公网或其网络切片VPN来提供企业或机构的外网，实现与总部与分支机构、外包的数据中心、第三方云服务商等的连接。物理专线服务安全性高而且服务质量有保障，但成本高而且不是随时可快速灵活变更带宽要求，走公共互联网成本低但QOS难以确保，VPN介乎二者之间，利用网络切片可以保障服务质量要求。SD-WAN可进一步发展为智能广域网或智简网络，这是一种将客户意图映射为网络实现的机制。网络将意图引擎开放给客户，客户通过定义APN6表达意图，网络智能引擎将客户的业务意图自动转化成配置脚本并下发给网络，实现分钟级业务自动部署，客户无须知道运营商的网络具体部署便可编程切片信道，组织客户自用的VPN。该智能引擎基于故障模型学习和网络SLA实时质量检测，主动识别网络潜在故障，基于海量历史数据，通过引入AI进行大数据分析，实现分钟级故障定位。SD-WAN能够很好支持多云场景以及云网协同，单一云服务商不可能覆盖所有业务，为增加数据流通效率，需有不同生态下的多云服务，多云还能增加安全性，多云之间业务需要利用统一的协议，简化对接及提供业务切片隔离，SRv6可以成为整合云网边端的统一通信协议。IPv4因地址功能单一，只好靠增加协议类型来支撑应用，而IPv6基于丰富的地址功能简化协议种类，控制协议从IGP（内部网关协议）、BGP（自治域系统间路由协议）、LDP（标签分发协议）、T-LDP（基于流量工程的标签分发协议）、RSVP-TE（基于流量工程的扩展资源预留协议）等五种简化为IDP和BGP两种，封装协议从MPLS（多协议标签交换）、VXLAN（虚拟扩展局域网）、L2TP（二层隧道协议）三种简化为IP一种，业务配置从逐段、逐节点配置到仅配置源节点与目的地节点。总之，IPv6大大简化了网络的运营管理，支持对客户需求的个性化服务，IPv6特别适合对服务质量与可靠性有很高要求的金融行业。

4. 5G（第五代移动通信）

5G也是新型的基础网络层技术，移动通信基本上每十年一代，每一代峰值速率基本提升1000倍，但是5G和前几代不同，前几代是面向个人通信的，5G将扩展到产业应用。1G是模拟通信和电路交换体制，蜂窝小区依靠频率的不同来区分用户，这称为FDMA（频分多址）模式，支持话音业务。2G是数字通信和电路交换体制，GSM

是2G的代表，它采用TDMA（时分多址）模式，支持话音与短信业务。3G是数字通信和分组交换体制，采用CDMA（码分多址）模式，可支持数据通信业务。4G是数字通信与分组交换体制，采用OFDMA（正交频分多址）模式，综合了频分复用、时分复用和码分复用多维度，提升了频谱效率，可支持峰值速率达100Mbps的宽带业务，开拓了移动互联网的大量应用。5G的技术体制和多址模式是在4G基础上的演进，但5G在无线技术方面更强调使用mMIMO（大规模天线）和波束赋形，发挥了空分复用维度扩大用户容量的效果，支持超密集组网，在网络技术上向虚拟化、互联网化和云化发展，重视采用SDN和网络切片，按需提供满足用户QOS需要的信道，实现增强移动宽带、高可靠低时延、广覆盖大连接。5G和4G相比，在多项性能上有一到两个数量级的提升，用户体验数据率可达100Mbps，为4G的10倍，中国电信与中国联通合建5G无线接入网，共有200MHz载波，可支持峰值速率2.7Gbps，未来在毫米波频段，峰值速率可达20Gbps，是4G的30倍，频谱效率是4G的3倍。每平方公里可支持100万个低速率终端联网，连接密度是4G的10倍。5G的无线空口延时不超过1毫秒，比4G减少90%。在移动性方面，4G支持运动时速350公里下的用户通信，而5G更是可支持时速达500公里的高铁通信。5G的流量密度与能效也分别达到4G的10倍。此外，5G具有高精度定位能力，对于80%的用户终端，室外垂直与水平定位能力分别为10米与3米，对于导航卫星无法做到的室内定位，5G

不论垂直还是水平精度都能在3米以内，2022年还可提升精度到0.3米。对于一些高可靠的应用，5G可提供99.999%的可靠性。物联网的能力因5G有很大提升，原来的NB-IoT（窄带物联网）的信道业务带宽仅为20kbps和250kbps，现5G可支持带宽达100Mbps信道的大带宽物联网，也能支持每平方公里连接数达100万传感器的大连接物联网，物联网通过5G可以快速连接到云端的智能，相当于人工智能虚拟化嵌入物联网终端，AI+IoT成为AIoT（智联网）。正因为5G的宽带低时延能力，它联结云计算、大数据、人工智能、物联网、区块链与工业互联网，实现新一代信息技术无缝融合及与行业技术的结合，打通了数据从采集、存储、传送、分析到决策的全过程，发挥数据作为生产要素的作用。因此5G与前几代移动通信相比，大大扩展了应用的广度与深度，不仅满足现在可预见得到的工业互联网与智慧城市的需要，也很好支撑了金融数字化应用，尤其是5G为金融行业提供更大量的数据，结合大数据与人工智能技术，在金融业风控方面已经取得很明显的效果。

5G与物联网及人工智能结合开拓金融服务的新场景，终端通过5G上云可直接利用云端服务器的计算及存储能力，无须将核心程序下载到本地，可简化对本地终端的要求。借助5G技术可以克服地域分散、信息不对称、风险可控性差、服务成本高等问题。现从以下四个场景来说明5G的应用，一是智慧银行，推动网点的服务逐渐迁移到云端，支持流动银行、开放银行，由原来专注于处理业务和交易演变成服务接入的渠道交互点，成为用户活动与体验、复杂业务落地、线上线下融合的场所。二是普惠金融，基于5G+物联网等技术，农村用户的身份识别、财产鉴别、征信鉴别更加便捷高效，支撑普惠信贷风控，同时借助金融服务渠道，搭载农村电商，创新扶贫模式，让普惠金融服务可持续。三是金融新业态，在移动互联网时代金融客户业务需求更多向线上和移动端转移，利用5G通过API将银行各类金融产品和服务向客户开放，即把银行的服务植入客户端，更好地挖掘客户潜在金融需求，开发出更多金融产品。四是资产数字化，将5G万物互联的特性嵌入企业供应链和生产流程中，并结合区块链、物联网等，将各类资产数字化，金融机构可动态获得客户、产品、抵押物等风险和收益视图，打造更为全面、客观的金融信用评估体系，为企业融资、风险管理、经营决策等提供更好的数据支撑。

5. 云原生

传统的集中式IT架构将操作系统、应用软件、中间件，数据库都在一台大机器里运行，是一种高度集中耦合的架构，虽然成熟稳定，但开放性、弹性、敏捷性、经济性不足。与此相对的是分布式架构，用一组服务器来替代大机器，用很多小操作系统完成一个大操作系统的功能，用一个分布式的微服务架构取代一个大的中间件，技术架构的建设更加标准化和开放化。分布化也带来新挑战，需要根据业务逻辑将这些小操作系统重新耦合变成一个大的操作系统，会使得上层的业务开发复杂化。解决办法是将分布式架构的复杂性封装在云平台，其中包括IaaS、PaaS、DaaS等各种技术，让业务和开发重新回归到业务逻辑而无须关注云平台的细节，就能做到底层基础设施的升级与上层业务解耦，现在基于云的分布式架构可以满足这样的要求，因此成为金融数字化转型的首选，而且还可以将金融云的底层平台完全交给云服务商进行建设，使得金融机构的人员将专注放在业务和应用的创新上。架构的变革还将推动应用体系的演进，从原来的集中式IT架构转到基于云的分布式架构，传统的应用虽然也可以移植到云架构上，但如果应用从开始设计时就考虑在云环境运行的特点，即应用也是分布式、松散、自服务、持续部署与可测试，就可充分利用云服务的弹性和分布式优势，这就是云原生的含义。云原生架构是基于云原生技术的一组架构原则和设计模式的集合，最关键的点就是把一些业务处理逻辑中非功能性的代码剥离出来，从而让云设施接管应用中原有的大量非功能特性（如弹性、韧性、安全、可观测性、灰度等）。目前云原生已经是云计算的发展方向，我国大型金融企业业务的云化率较高，向云原生发展是必然趋势。

云原生计算基金（CNCF）对云原生给出定义，这是基于容器、服务网格、微服务、不可变基础设施和声明式API构建的可弹性扩展的应用，也是基于自动化技术构建的具备高容错性、易管理和便于观察的松耦合系统，它是一个可与云厂商提供的服务解耦的统一开源云技术生态。云原生由微服务、容器化、DevOps（开发运维一体化）、持续交付等技术来支撑。微服务是将大型复杂软件应用拆分为多个可独立部署的简单应用，将单个应用程序作为一组小型服务来开发，这些服务围绕业务功能构建，每个服务都在自己的进程中运行，每个服务不必要求统一的编程语言与数据存储技术，支持业务更强的内聚但又做到服务间解耦，更易实现。容器技术是一种类似于集装箱的应用环境封装，可以将微服务及其所需的所有配置、依赖关系和环境变量移到全新的服务器节点上，不同的业务请求可按需路由到不同的容器集群里，降低业务间的相互影响，但它不是一个完整的操作系统和大量的应用，而是只把应用代码运行所需相关的环境打包，可以说是一种轻量级的虚拟化技术，实现可移植、可重用且自动化的方式来封装和运行应用。DevOps可看作开发（软件工程）、技术运营和质量保障（QA）三者的交集，传统的软件组织将开发、IT运营和质量保障设为分离的部门，各自追求不同，DevOps强调的是高效组织团队之间通过自动化的工具协作和沟通来完成软件的生命周期管理，透过自动化"软件交付"和"架构变更"的流程，使构建、测试、发布软件更加快捷、频繁和可靠。持续交付是一种软件工程方法，不误时开发，不停机更新，让软件的构建和测试及发布变得更及时，在不影响用户使用服务的前提下及时把新功能发布给用户使用，同时保证开发版本和稳定版本并存，既降低软件开发的经济与时间成本也减少风险。总之，云原生是一种云应用的流程体系与方法，特别适合金融行业既要快速开发新业务又要保持运行稳定可靠的要求。

6. 边缘计算

工业领域的高速自动生产线和机器人、交通领域的网联车、医疗领域的远程手术、文旅领域的VR/AR（虚拟现实/增强现实）、金融领域的期货交易与结算等都需要对业务进行快速响应，虽然最后一公里的时延可以做得很低。例如，利用5G可以实现优于1毫秒的空中接口时延，但核心网及上云的传输与处理时延还是不可忽视，对时延敏感的业务需要就近快速处理，边缘计算应运而生。边缘计算是中心云在边缘的代理，承担消息缓存、数据聚合、协议适配、微应用服务等功能，并按照中心云给出的数据挖掘模型和处理规则实时响应需要快速处理的数据。中心云负责处理数据集中式训练和分析，给出数学模型、业务编排和实现全生命周期管理，可以说通过边缘计算促成了云网边端协同。边缘计算跨现场、车间、工厂、企业或机构级、跨内网和外网、跨IT与OT（行业技术）网，支持低时延业务，通过改进数据处理效率，支持设备管理、流程分析、效能分析、质量管理、供应链管理、库存管理、可视化等。边缘计算有望作为金融科技与实体经济相结合的最佳入口，以商品交易所动产质押为例，依托物联网、边缘计算、AI等技术，只需要在项目现场建立一个边缘节点，即可将数据收归上云，对动产存货进行识别、跟踪、监控，以及智能化管理，有效解决动产融资过程中信息不对称等问题，同时因利用边缘计算而无须上传客户敏感数据到中心云，实现客户隐私保护。边缘计算如放到银行营业网点需要做到将算力资源的虚拟化与机房功能一体化设计及集成，缩减部署时间，实现智能配电和远程运维及云上管理，提高可靠性。

7. 区块链技术

区块链利用哈希算法为每一笔交易信息生成相应的哈希值，不论交易信息多长，哈希值都是256比特，但交易信息任意改变一比特将引起哈希值有非常大的改变，通过包含时间标签的同一区块内交易信息与哈希值的关联，即以密码学保证数据安全，可以判别该区块数据有无错误。每一区块内的哈希值会加入下一个区块，依靠哈希值将前后区块关联起来，构成区块链，由于一个区块数据被改变时，很难同时将前后一长串的区块中的哈希值准确的改变，这种块链式数据结构能够验证与存储数据，因此这也是一种对区块数据在水平维度的保护方式。由于交易可能涉及多个节点（例如，网购会涉及电商平台、供应商、金融机构、物流企业等），每一个区块数据都同步复制到相关的节点，这称为分布式记账，按照交叉审核多数判决很容易发现某一节点所记录的区块数据是否有误，这是一种以分布式节点共识算法来验证数据实现垂直维度的数据保护措施。此外区块链将伴随使用智能合约，以自动化脚本代码的智能合约编程强制合同的执行流程。区块链通过上述多重数据校验方式赋予数字世界新的契约机制，实现交易去中心化、数据加密保护、历史记录防篡改、可追溯等，但业务延时高、交易速率慢。5G高带宽低时延适应区块链需要，而5G在网络设备安全、用户隐私信息安全等短板可基于区块链得到弥补，5G与区块链的结合将互相促进，会扩展区块链的应用场景。

区块链可以在很多行业应用，在金融业的应用更能发挥其价值，数字货币更是以区块链为前提。我国很多金融机构建设了各自的区块链，应用到数据存证、溯源、防篡改服务、供应链金融、商户资金清分等场景。以基于供应链的应收款区块链为例，核心企业在该区块链平台上签发确认电子化的应收账款，在确定时间对确定金额进行付款，上游供应商拿到这些电子化应收账款之后，经过拆分流转给再上游及更上游的供应商，任何一级供应商拿到区块链的凭证到该平台上都可以在线上融资，银行不需要再给供应链上的小企业逐一授信，可以做到线上秒级融资。

8.数据安全技术

数据只有融合才能更好发挥价值，跨部门跨行业的数据融合价值更大但往往因各方担心自己的数据可能泄露而难以实施，需要采用隐私保护计算技术保护敏感数据不外泄。目前有密码计算、TEE

（可信执行环境）和联邦学习等隐私计算技术。密码计算以姚期智院士提出的MPC（多方计算）为例，这是一种分布式协议，基于密文检索、同态加密（对密文数据计算结果解密后应等同于对明文计算的结果）、零知识证明（不提供相关信息的前提下证明信息正式性）、不经意传送（通信双方通过选择模糊化方式传送消息）等四大技术。MPC允许各参与方只提交密文分片的前提下，通过既定逻辑共同计算出结果，明文数据及计算工作没有离开本地，各自数据没有泄露，目前计算量大，性能还有待改进。TEE计算技术是通过构建一个硬件加速的容器化隔离硬件环境，将各方数据都汇聚到该区域内进行可信计算和虚拟化隔离，但需要有可信的第三方来支撑。联邦学习擅长各类模型的联合训练与推演，使用差分隐私引入噪声、安全聚合等技术实现一定程度的数据隐私保护。

金融业的数字化转型增加了对网络的依赖，也增加了网络安全的风险，金融行业拥有大量的企业客户的商业数据和公众客户隐私数据，成为黑客攻击的重点。现在金融机构业务平台的云化、虚拟化和智能化模糊了网络安全的物理边界，以网络安全硬件外挂方式很难应对新的安全挑战，网络安全需与信息基础设施同步建设。为降低网络服务的成本，需要对网络安全能力在标准化前提下做成模块化可扩展。还需要重视网络安全生态的建设，在机构内要覆盖业务全环节，实现IT与OT团队融合，还要与机构外部的生产装备原厂、网络安全企业、电信运营商、政府等多方面紧密合作，实现威胁情报共享和安全防护的协同联动。

三、金融科技生态

1.数字人民币试点

我国大型金融机构纷纷成立金融科技公司，开展或已实现了数字基础设施升级、IT架构改造、云平台的构建、区块链的探索，开发了新的金融产品，为全面推进金融数字化做了很好的铺垫。现在中国金融数字化已进入数字人民币试点阶段，这为银行数字化能力提升和金融科技生态建设提供了难得的场景。数字货币是以数字形式表现的数字资产，但只有央行发行的数字货币才是法定数字货币，数字人民币是人民币的数字化形式，定位于流通中货币（M_0），具有与纸币同等的功能属性，不需要通过银行账户即可实现价值转移，不同于支付宝与微信等作为“钱包”的电子支付工具，数字人民币提供更方便的在线交易流程，也为移动支付领域带来多样性选择。基于区块链等技术的支持，它具有分布式记账、独特加密技术、去中心化结算等特点。数字人民币的使用将具有一些潜在的优点。第一，是安全、可控匿名、不可伪造、货币流向和供需情况可追踪，弥补了现有货币成本高，追踪难，防造假成本高等问题。第二，数字人民币将促使各种类型的数字资产可获得财务归属和法律依据。第三，数字人民币兑换服务由指定运营机构提供，但流通服务可以由第三方支付机构和其他商业银行承担，为商业银行重掌支付入口创造了机遇。第四，数字人民币可应用于反洗钱、反恐怖主义融资和反逃税，助力社会诚信体系的建设，更好地支撑社会治理。第五，有助于推进人民币国际化。

2. 金融科技加速对信息技术创新提出更高要求

信息技术促进金融科技与金融新业态的发展，反过来金融科技的加速将推动信息技术朝着主动适应金融业更严格要求的方向提升，以便为金融科技发展提供更好的生态保障。在中国人民银行印发《金融科技（FinTech）发展规划（2019—2021年）》中对信息技术及其应用提出了一些要求，即科学规划运用大数据、合理布局云计算、稳步应用人工智能、加强分布式数据库研发应用、健全网络身份认证体系等。以数字支付为例，要综合利用人工智能、支付标记化、云计算、大数据、密码识别、隐私计算、数据标签、模式识别、交易认证等技术，优化金融行业使用的移动支付技术架构体系，制定条码支付互联互通技术标准，实现账户统一标记、APP规范接口、交易集中路由，达到支付工具安全与便捷的统一。在新一代信息技术方面需要加大对包括芯片与操作系统及应用软件等核心技术在内的自主可控研发力度，保障金融数字化的安全可信可靠。

3. 金融科技的发展还需要相应的法规来引导与保证

智能合约是一段运行在区块链体系中的代码，在计算机界通常对算法或逻辑的验证方法是所谓的形式化验证，但并未经过严格的法律审查，逻辑描述也非法律语言，从文本合同到智能合约的跨越，需要解决智能合约的合法性与严谨性问题。关于区块链除了技术有待成熟外，区块链在数字金融的应用技术标准和安全规范及认证审核制度也还需要完善。另外客户数据的隐私保护方面还需要有相应的法规要求与标准。金融科技的发展需要有相应的政策来进一步营造发展的生态环境。

《中华人民共和国国民经济和社会发展第十四个五年规划和2035年远景目标纲要》中明确提出："探索建立无人驾驶、在线医疗、金融科技、智能配送等监管框架，完善相关法律法规和伦理审查规则。健全数字经济统计监测体系。完善现代金融监管体系，补齐监管制度短板，在审慎监管前提下有序推进金融创新，健全风险全覆盖监管框架，提高金融监管透明度和法治化水平。稳妥发展金融科技，加快金融机构数字化转型。强化监管科技运用和金融创新风险评估，探索建立创新产品纠偏和暂停机制。"

现在金融科技成为推动金融转型升级的新引擎、金融服务实体经济的新途径、促进普惠金融发展的新机遇、防范化解金融风险的新利器，国际金融合作治理的新领域、全球产业投融资的新焦点。

也可以说金融科技是我国贯彻双循环战略走高质量发展之路的一个重要抓手，我国需要高度重视并结合国情着力创新发展金融科技。金融科技的发展得益于信息技术的持续演进，信息技术在其他领域的应用既对金融科技提出需求，也为金融科技的应用开拓了更大空间。金融科技的发展需要与各行业紧密合作，特别是需要加强传统金融机构与信息科技企业的紧密协同，在监管法规与政策引导下，我国的金融科技将迎来有序发展的加速期。

第4讲

金融科技支持供给侧、需求侧改革

杨　涛

国家金融与发展实验室副主任，金融科技50人论坛学术委员

一、问题的提出

众所周知，2013年是“互联网金融元年”，但之后由于缺乏理论共识、监管底线与基础要素，互联网金融发展出现严重问题。2015年十部委出台《关于促进互联网金融健康发展的指导意见》推进规范发展，其中定义的许多业态或产品，到如今或与新监管思路逐渐相悖，或在市场运作中自身难以为继。究其根源，是在没有完备的研究框架支撑、顶层规划设计、创新与安全标准、监管与政策约束、金融生态环境保障的前提下，就开始推动互联网金融的“大干快上”，这必然会出现大量“豆腐渣项目”，给金融稳定和金融消费者带来巨大损害。

当前，从技术与金融相结合的创新场景来看，需关注：（1）底层重大技术，包括人工智能、大数据、互联网技术（移动互联、物联网）、分布式技术（云计算、区块链）、安全技术（密码技术、量子技术、生物识别技术），还有一些尚在发展的前沿技术，如边缘计算、数字孪生、脑机结合、增强现实等，以及有向无环图（DAG）、哈希图（Hashgraph）等下一代分布式技术，都需从基础研发、金融应用层面予以高度重视。（2）典型的金融需求场景，如金融安全与金融监管、支付结算、融资产品与服务、智能营销与服务优化、身份认证与风控、保险服务、智能投顾与财富管理、信用服务等，也可能向城市治理、公共服务等领域进一步拓展。

为了更好推动我国金融科技的健康发展，首先必须把握金融科技创新的历史“窗口期”。一方面，未来全球金融竞争将更多体现为金融科技要素竞争。当前新技术在各国金融创新中的应用逐渐深化，主流金融机构普遍运用科技手段全面改造业务流程和组织架构，众多新兴机构加入原有金融服务产业链。各国政府与监管部门高度重视金融科技的冲击与影响，在加强风险防范与安全约束同时，通常对前沿领域创新探索给予适度空间。另一方面，金融科技是解决现有金融发展“短板”的重要抓手。我国经济改革与发展已进入转型期，依托新技术，原有金融服务难点更易得到缓解，促使金融更加“脱虚向实”，从而实现金融体系的高质量发展。总体上看，推动金融科技发展，应是新形势下金融强国战略的核心内容。

其次，以推动安全创新、规范创新作为金融科技的“生命线”。促进金融科技创新，需避免粗放式扩张，防止泡沫积累，处理好创新与安全的边界，守住不发生系统性风险的底线，防范非系统性风险的积累，明确金融科技创新的底线与负面清单。一是从宏观层面看，金融科技活动确实给金融体系带来复杂影响，也强化了某些金融要素的“脆弱性”，尤其对跨部门、跨行业、跨时空、跨产品的交叉风险，需要高度重视并深入研究。二是从微观层面看，既要关注新技术引入后，原有金融机构、产品的风险特征是否有变化，也要探讨新技术自身的风险，以及互联网、大数据环境下的新型金融风险。三是坚决摒除和严惩各类打着金融科技旗号、实际上从事违法违规行为的行业“劣币”，如非法集资和传销等。

最后，发展金融科技不能“一哄而上”。2018年以来，许多地方出现了新一轮金融科技发展热潮，诸如提出全球或国内金融科技创新中心、金融科技产业园、区块链创新中心等概念，并出台各类金融科技、区块链促进政策。这些现象在互联网金融的热潮中似曾相识，有些地方缺乏对金融科技、区块链等的深入理解，也没有能力甄别企业与项目的“良币”，更缺乏发展金融科技的基础条件。因此，为了防止地方政府成为新一轮泡沫与乱象的助推因素，需要从国家层面有所设计和统筹。事实上，考虑到技术、金融、基础设施、教育、公共服务等因素，只有北京、上海、深圳等少数核心城市才具有综合发展金融科技的能力，多数城市只适合在某一方面发挥比较优势、进行局部探索。

二、金融科技发展的理论视角：促进经济与金融效率提升

当前，中央提出要“逐步形成以国内大循环为主体、国内国际双循环相互促进的新发展格局”。对此必须进一步夯实我国经济的内在动力与活力，提高经济效率、韧性与抗冲击能力。而与技术相关的新经济、新金融，则有助于实现这些目标。

从深层次来看，党的十九大报告提出要提高全要素生产率（TFP），着力加快建设实体经济、科技创新、现代金融、人力资源协同发展。为什么要重视提升TFP？是因为近些年来，经济下行往往归因于TFP下行，这也是源于人口红利的弱化，技术贡献度乏力，以及经济结构调整带来的影响。与之相对应，在金融层面也要考虑金融业TFP如何提升，从而更有效地适应新经济发展，以及传统经济的优化升级。

迄今为止，对金融业TFP的研究很多，如通常采取DEA-Malmquist方法计算，重点围绕总产出、劳动、资本投入变量。金融业的这些变量选择，与实体产业既有类似也有差异之处。例如，对总产出变量，通常用金融业增加值进行衡量。其中，银行、证券、保险业增加值的衡量方式各不相同，其合理性还需要进一步探讨。

需要关注的是，近些年来，在金融业快速发展的过程中，信息技术已经对金融业TFP的提升与转变，产生了非常深刻的影响。而在现代金融业演进当中，技术的溢出效应也越来越突出。当然，过去我们看到的是金融信息化。金融IT化则更侧重技术本身对金融业效率带来的影响。但当我们现在提到金融科技时，不仅仅关注重大技术对金融效率的提升，还关注会给金融业的业务形态、商业模式带来怎样深刻的影响，给金融生态、金融环境、金融土壤带来什么样的冲击。这些变化叠加在一起，使得金融科技对金融业TFP的影响变得更加复杂。

简单来看，我们认为金融科技对金融业TFP的影响起码有两大方面。第一是直接影响路径。金融科技的技术、业务、产品、环境、生态等要素，会直接影响金融业的相关变量，由此可能带来金融业TFP的提升。比如说从产出效率上，金融科技众多创新手段、模式的应用，解决了很多过去在业务活动中，服务成本高、效率低的问题，因此有助于提升金融服务能力，优化金融服务质量。与此同时，金融科技还缓解了在融资业务探索中、困扰各方的信息不通畅问题。例如，近期大家比较关注的开放银行，现在被上升到比较高的层面进行探讨。但在早期海外的研究探索中，其动因并不复杂。通常是考虑到如果一家中小微企业向一家银行申请贷款被拒绝了，很大概率不会向第二家、第三家放贷组织申请，因为觉得被拒的概率很高，再次申请成本也很高。那么有没有可能使第一家拒绝贷款的银行，把相关数据资料转给第二家、第三家使用？这里面涉及大量技术和合规的问题。所以从源头来讲，以开放银行为例，金融科技探索将有助于解决原有金融领域众多信息壁垒和信息不对称问题。此外，还可以进一步拓展金融服务的边界，除了原有传统金融市场的业务和产品，伴随新技术应用也涌现出大量的新模式、新主体、新组织，虽然也出现了一些风险问题，但是整体上拓展了金融服务覆盖的范围。可以看到，所有这些变化都能够深刻影响金融业TFP。

第二是间接影响路径。金融科技不仅给金融业带来日新月异的变化，而且也通过不同渠道深刻地影响着经济运行与产业演进。例如大数据、人工智能、分布式技术、互联技术、安全技术在金融领域快速应用并成熟，通过金融渗透到经济与产业领域，助力实体TFP的提升，反过来又对金融自身的变革构成外在助力与基础要素支撑。这样形成一个良性循环，使金融TFP与经济TFP互动发展、共同提升，这是我们希望看到的结果。

在此基础上，可以分为两个阶段来加以剖析。第一阶段，要把原有的金融业TFP的变化规律分析清楚。也就是说在金融科技风起云涌之前，在我们更关注技术冲击或一些局部的新场景变化之时，需要厘清金融业TFP究竟发生了哪些变化。对此，大量实证分析得出一些具有共性的结论，如近年来我国金融业TFP呈现的上升趋势，这一趋势与技术进步密切相关。当然，在不同时期也有所起伏。

在相对明确了金融业TFP过去的变化轨迹之后，我们需要回答，当融入金融科技要素之后，会带来什么新的影响。这方面也有大量实证研究。作为基础，要先确定自变量是什么，也就是如何衡量金融科技的投入要素；外部存在影响的控制变量是什么，因变量则是金融业TFP本身。诸多相关研究得出了类似结论，即：金融科技的底层技术、业务模式、场景、生态发生变化之后，对金融业自身整个生产效率的提升，是正向的关系。

但是我们仍然面临两方面的挑战。一方面，是需注意在2014年到2017年左右，许多针对互联网金融的实证研究也得出结论，认为当时的互联网金融模式对于金融业TFP体现出明显的正面提升作用。

但是经历过一轮轮整顿和市场变化之后，我们不得不反思，是不是过去在衡量互联网金融的时候，在对所谓新金融的衡量指标与判断标准、外部环境与监管原则把握上，还有很多不足之处，使得我们对于其贡献度的分析产生了诸多偏差？另一方面，金融科技促进金融业TFP的提升，最终还是要带来经济TFP的优化，而非加剧二者趋势分离和“脱实向虚”，这也是始终绕不开的重大问题。

总结经验教训，未来需要真正通过更加缜密、严谨的实证分析，来研究金融科技的影响，厘清其究竟如何影响到金融业TFP和经济TFP，从中尽量得出一些有价值的经验理论，反过来再进一步指导实践。

三、金融科技发展的功能视角：以缓解小微金融矛盾为例

从具体层面看，无论是发挥金融科技力量，还是提升金融TFP，最终都是为了更好地解决金融服务的矛盾和短板，有效满足实体需求，小微金融正是其中的核心环节。

近期诸多研究表明，一方面，目前我国中小微企业融资的问题并未彻底解决。另一方面，随着中小微企业信贷规模迅速上升，究竟该如何认识和把握融资难，这本身也变成了一个问题。

事实上，我们可以做几个简单判断。一是需进一步明确小微金融

发展的目标次序。给小微企业贷款支持不是最终目的，最终的政策目标，到底是希望小微企业活下来还是生存得更好，是重点解决就业、服务技术进步还是产业链重建？不同的优先次序，会导致不同的政策重点与发展路径。二是当前小微金融发展中的矛盾，已经逐渐从供给方转向了需求方。三是支持小微企业真正练好发展“内功”，才是政策着力的根本。否则，即便让中小微企业再加更多杠杆，可能也无法解决其持续发展的难题。四是需要不断完善小微企业健康发展的土壤与环境要素。五是需关注金融之外的其他影响因素，包括税费、营商环境、行业生态等。

在此基础上，我们可以更加具体地思考，金融科技能否在这些方面缓解矛盾？

首先，在供给层面，虽然我们认为中小微企业信贷规模已经不低了，但从供给面来说，还可做很多优化。比如，推动机构数字化与产品线上化，降低成本并提高效率，使得传统金融机构把中小微金融服务领域作为新的蓝海。再如，可以利用新技术加上直接融资，来努力优化金融服务结构。还有，可以把金融科技充分运用到中小企业政策性金融的创新探索中。

其次，在需求层面，可以充分利用新技术给小微企业进行数字化赋能。小微企业所需要的金融服务不仅仅是融资，还有大量支付结算、信息管理、内部管理优化、内部机制改善等方面的需求。除了提供资金之外，金融机构和金融科技企业可以发挥自己的比较优势，协助小微企业提升管理能力、人才能力，以及对产业和市场的把握能力。这样才能使其在获得资金后，真正有效用于提升自身生产效率并实现可持续运营。

再次，是小微金融的环境优化。例如，包括保险、担保等在内的小微金融业务面临的综合风险管理保障机制需要进一步优化，征信体系仍需健全，对此，大数据、人工智能等在其中大有可为。还有服务中介与标准建设，如在无形资产、单据票据抵质押融资发展中，都需要第三方对相关要素进行标准化、进行信用评估和评价，而这些都是金融科技完全可以参与的。甚至可探索利用新技术建立某种激励相容的算法机制及商业模式，使金融机构、各级政府、中小微企业、产业链大中型企业，都能够在其中获得共赢的发展模式与方向。

最后，在其他很多方面，也可以利用新技术解决难题，改善营商环境，降低企业运营成本。例如，目前中小微企业在整个产业链中处于相对弱势地位，这体现在大量中小微企业卡在应收账款问题上，包括账期太长、难以回收等问题。其中，有的是因为中小企业的交易对手太强势，甚至处于垄断地位，有的可能是行业和市场特点，使得账期太长。对此，完全可以考虑用新技术匹配相应制度来加以缓解。在落实国务院《保障中小企业款项支付条例》的同时，运用前沿技术模式，进行信息登记和技术约束。同时，运用科技手段也能使小微企业更有效地进行财务管理和现金流管理，使其运转更加顺畅，其短期融资需求自然就会下降。

四、金融科技发展的行业视角：金融数字化转型

可以从如下方面来看金融科技对金融数字化变革的促进作用。

（一）金融行业主体的数字化

银行等金融机构面临前所未有的复杂局面，经济周期、产业周期、监管周期、金融周期、技术周期的冲击叠加影响，既有模式已经无法适应“新复杂时代”的挑战。数字化转型不仅是为了发展，更是为了应对危机的生存。例如，截至2019年末，美国联邦存款保险体系下机构数量为5193家，其中商业银行4521家，储蓄机构662家，外资银行分行10家。而1985年最多时曾达到18000家。大量机构特别是中小机构经营失败、破产退出或兼并重组。在能够度过周期冲击的机构里，拥抱信息化与数字化显然是一项重要举措，起码可以在一定程度上提高效率、改善管理、降低成本、赋能业务。对于逐渐告别“黄金增长”的我国金融业来说，需从战略上高度重视数字化转型，从而直面残酷的市场规律冲击。

（二）金融功能与业务的数字化

众所周知，金融体系的基本功能包括支付清算、融通资金和股

权细化、为在时空上实现经济资源转移提供渠道、风险管理、信息分享、解决激励等。这些基本金融功能在理论方面和实践过程中都受到数字化与金融科技的深刻影响。一方面，整个金融市场机制与结构的数字化水平不断提升，这将会影响到金融市场参与者行为、交易模式、风险定价等。另一方面，可以运用数字化手段重点弥补现有金融体系普惠金融服务能力的不足。因为其根本原因在于相关业务成本高、效率低，而这完全可以通过数字化转型来缓解。

（三）金融合作模式与生态的数字化

数字化经济社会的基本特征就是互联互通，金融机构数字化转型本质上也是为了构建更加开放的合作共赢生态，实现银行效率、效益、效果的全面改进和提升。一方面，探讨金融合作模式的开放性，本质是让开放式发展的金融，更好地与实体经济和数字化经济融合；另一方面，数字化经营特征、平台化特征、多向开放竞争等都冲击着金融机构和组织的边界，体现了开放式发展基本要素。由此，金融机构需高度重视自身的开放模式建设以及外部生态的优化，努力实现从开放银行到开放金融、从个体金融到平台金融的跨越。

（四）金融监管与金融安全的数字化

金融数字化演进也给金融安全带来更大挑战，与之相应的监管机制也须积极适应数字化。一是从常规来看，监管科技与合规科技愈发受到国际组织和各国监管部门重视，如英国FCA认为，监管科技指金融科技公司为金融机构提供的自动化解决方案，利用新技术更有效地解决监管合规问题，减少不断上升的合规费用。国际金融协会则认为，监管科技是更加有效和高效地解决监管与合规要求而使用的新技术。就我国来看，监管科技有助于解决监管现场能力不足、信息不对称等问题。同时中国特色的监管沙盒探索，也可以更好地把握创新与安全的平衡。二是重点与特殊领域的金融安全问题。例如，反洗钱与反恐融资在数字化时代也面临"道高一尺、魔高一丈"的压力，开放环境下的国家金融安全、跨境监管协调等也变得前所未有的复杂，这些同样需要以"数字监管"来规制和适应数字金融。

（五）金融基础设施的数字化

数字化对金融产业链、金融组织的边界带来重构的可能，由此衍生了大量新兴金融主体、金融业务分工模式等。与此相对应，金融市场基础设施也必然受到多重影响。新形势下的金融体系要保持活力，不仅需要有交通工具（产品）和生产厂商（机构），更需要有四通八达的交通设施（道路、机场、港口等）。近期，六部门联合印发《统筹监管金融基础设施工作方案》指出，加强金融基础设施建设，统筹监管重要金融基础设施，提高服务实体经济水平和防控金融风险能力。可以看到，未来金融资产登记托管系统、清算结算系统（包括中央对手方）、交易设施、交易报告库、重要支付系统、基础征信系统等典型金融设施及其运营机构，也需积极推动数字化“新基建”。

（六）技术市场设施的数字化

根据相关国际组织的界定，技术市场设施通常包括客户身份认证、多维数据归集处理等可以跨行业通用的基础技术支持，也包括分布式账户、大数据、云计算等技术基础设施，此类业务多属于金融机构的业务外包范畴。因此，监管机构普遍将其纳入金融机构外包风险的监管范畴，适用相应的监管规则。金融机构要更好地运用新技术，同样需要在基础设施层面夯实基础、推动重大底层共性技术的创新、提高金融应用水平。当然，面对全新的国际环境，合理推动数字化技术设施的自主可控建设，也是题中应有之义。同时，数字化背景下的金融标准化建设也是重中之重。金融业务与产品标准化着眼于改善新技术在业务领域的应用效果，而技术标准化则是金融机构能够拥抱新技术与数字化的前提与保障。

（七）金融责任与文化的数字化

金融机构数字化转型也意味着需要改变僵化、缺乏社会责任的“公众认识偏颇”或“固有形象”。数字化时代的开放性，天然意味着彼此的责任与义务。在当前环境下，金融机构和金融家都遭遇了环境与舆论的挑战，更需要积极履行社会责任主体功能。同时，近年来，各类企业的环境、社会及公司治理（ESG）表现愈发受到关注，越来越多的金融机构开始研究履行社会责任的理念、战略、方法，重视其经营活动在经济、社会、环境等维度产生的影响。这也是数字化时代重构金融机构文化的核心内容，因为文化是价值、信念和态度的体系，也是金融机构创新与发展、战略管理与定位的“精神基础”，金融文化如果缺失，有可能在数字化趋势下导致“技术向恶”。

五、新形势下需找准金融科技发展的痛点

当前，金融科技已经成为金融供给侧结构性改革、适应新经济趋势与解决经济社会难题的重要助力。与此同时，也面临更加复杂的矛盾和挑战。

综合来看，我们认为金融科技发展要从令人“眼花缭乱”的商业模式中，真正找到扎实落地的场景，需要关注五个层面的问题。

第一个问题是在金融科技落地场景中关注技术与业务的关系。无论是持牌金融机构的金融科技创新，还是新兴技术企业服务持牌金融机构，普遍存在着技术和业务“两张皮”的现象。如果根据业务需求匹配相应的技术，由于业务需求往往服务于现有商业模式，因此很可能导致业务走到技术后面。因此如何突破技术与业务的矛盾

是未来讨论金融科技落地场景的重中之重。

第二个问题是金融科技如何处理好金融与实体的关系。金融科技创新首先解决的是金融领域提高效率、降低成本、控制风险等问题，但是延伸到实体领域，或许某些场景中金融科技创新发挥的作用还不明晰。比如，消费金融领域，存在理性消费者和非理性消费者，在居民人均可支配收入增长乏力的情况下，金融科技创新是否会带来新的风险，还存在较大的不确定性。

第三个问题是开放与闭环的关系。开放是大势所趋，但是开放过程中遇到的风险、商业模式遇到的挑战这些问题值得深入研究。如在欧盟地区推进开放银行建设的过程中，既存在银行不愿意真正开放核心数据的问题，也存在原有商业模式没有真正被颠覆、被打破的问题。中小金融机构在当前商业模式下简单开放，可能会失去唯一的竞争优势。与此同时，闭环在某种意义上是互联网时代的一种平台经济模式，当前受到了非常严格的监管。无论是开放，还是闭环，都以平台经济模式为核心，带来了更加复杂的场景落地情况。未来金融科技场景应用的另一个重中之重，就是不能简单地谈局部业务和局部应用，而需系统考量平台生态建设。

第四个问题是标准与非标准的关系。当前监管层高度重视金融标准化，但是还存在很多非标准化领域。例如，从理论上讲，供应链金融很难进行标准化。如基于应收账款的供应链金融，其核心是"确权"，但是现有机制很难有效支撑确权，因此基于应收账款的供应链金融本质上难以摆脱非标准化业务模式。一方面，为了适应监管，适应行业发展的长期趋势，在推动一项业务创新的时候首先要考虑它的标准化问题；另一方面，面对大量的业务特征，如果难以进行标准化，如何运用金融科技来弥补？

第五个问题是基础与应用的关系。衡量应用的重要标准，是能否带来商业模式的回报，能否可持续运营。当前所有金融场景的探索都面临基础环节的问题，包括数据、技术、人才、共识和制度监管都还未形成公认的准则。当一些机构试图率先推动金融科技场景落地时，会面临基础支撑不足的问题；但是如果纯粹基于商业模式，前提条件总是不成熟。因此行业领先机构除了考虑短期应用的商业模式之外，还要从行业出发去推动一些基础性工作，这同样也离不开政府和协会的作用。此外，数据问题也处于一个关键的转折点，着眼于金融科技创新的数据究竟是C端数据还是B端数据，是着眼于数据治理还是数据挖掘和应用，是着眼于数据安全保护还是数据使用效率，这些问题直接制约着下一步金融科技创新的纵深度。

因此，为了更好地化解这些矛盾，我们认为，各类金融科技从业机构也需着重思考如下几个关键词。

第一，合规。金融科技正迎来下半场。无论在全球还是我国，合规发展都是金融科技创新的重中之重。对金融科技企业的创新探索来说，需要关注两方面问题。一方面，当金融技术与信息技术融合，带来更多的产品、组织、市场创新时，也必然面临更多的风险与不确定性，因为创新的源泉是追求高风险对应的高收益。

由此，金融科技企业在实践探索中，应该避免过度追求高风险型的金融创新活动，更加偏重于稳健创新。另一方面，不管是直接或间接介入金融领域，金融科技创新活动都必须充分明确和牢牢把握风险底线，避免非系统性风险的积累带来系统性影响，或者带来众多风险的“负外部性”。

第二，生态。就不同金融科技的发展格局来看，经历了从各自为战，到合作共赢的不同阶段，目前更需要强调构建新生态、支持新合作。回顾历史，金融科技发展的第一阶段，是探索与摸索阶段。在此阶段，不同的参与主体以单打独斗为主。无论是主流的金融机构、新兴的互联网企业还是其他参与者，都希望在大数据、人工智能等新技术的金融应用场景中，找到自己独有的创新道路。这一阶段更多体现为“战国时代”，各参与主体都希望找到自己的“独门秘籍”，实际上却非常困难。第二是相互借力、热烈融合阶段。这一阶段，不同的参与主体追求的主要有三个主题词：生态、跨界、共享。所谓生态，就是早期各自都想追求自己的发展模式，但面临的问题是，各主体在金融科技发展中都缺乏有效的土壤支撑，没有共赢发展的基础要素保障。所以，如何构建行业生态、优化金融科技的土壤，是第二阶段的重点。此外，技术使金融机构业务产品的边界变得越来越模糊，因此，跨界必然成为第二阶段的重要方向之一。关于共享，则是因为真正具有生命力的创新模式，是各参与方都可以找到金融科技发展中实现共赢的切入点。

第三，变革。从根本上看，最为重要的还是要引导金融科技企业的“核心竞争力”提升，其关键就是改变和优化原有金融服务效率。从功能角度来看，考量金融科技企业创新成果，应该重点关注新技术加入金融领域有哪些重大的应用项目取得突破，而且是合规和风险可控的，同时又解决了现有金融的“短板”，并能够与市场有效结合。例如，人工智能+金融，大数据+金融，互联技术+金融，分布式技术+金融，安全技术+金融等。

第四，差异。对于不同类型的金融科技主体来说，应该有差异化的发展重点与路径。一是主流金融机构应推动金融科技应用全面提升。从全球来看，主流金融机构一旦“大象转身”，不断转变发展理念，将在整个金融科技应用中具有更重要的地位。这以银行科技与保险科技作为典型代表。其中，或许10年之后，现有的银行很可能全部转向线上。二是纯粹的新技术企业更应该大胆创新，积极与金融、类金融组织开展合作。从整个监管的方向来看，金融技术应用方案的提供者更受政策鼓励，其中或将出现一批全新的“独角兽”。同时，现有互联网金融巨头面临“向左走，向右走”挑战，最大的难点，是它们如何实现更加透明和风险可控。三是类金融需要被明确定位，“老老实实”。既因为监管环境的导向，也是从全球来看这些领域都是小而美的补充。由此，其或者争取申请持牌金融业务，或者可转向新技术服务。

第五，体验。当前，移动场景时代的大势不可阻挡，这意味着未来最终着眼于B、C端等的所有服务场景，其生命力都在往移动端进行转移。过去基于线下的固定场景和PC互联网时代的场景，某种程度上都会遭遇重大挑战。就金融科技创新的根本动力来看，需求侧影响因素则是不断变化的企业与消费者偏好。具体来看，一是充分适应客户需求更加多元化、专业化、智能化的趋势，真正在客户服务和以客户为中心方面实现实质性的快速改进，同时构建产品和服务的联合提供链条，满足用户的全部需求。二是实现无处不在的“交互”，因为从居民到企业，我国客户主体习惯的交互界面，已经快速向移动互联网时代转化，整个商业生态都在变，更需要使未来金融银行服务如“网”无处不在，体验一“点”触手可及。三是更好地维护客户关系，有效实现线上线下的结合。

中篇

监管者说

第5讲

提升金融科技守正创新水平，加快推动数字化转型

李伟
中国人民银行科技司司长

《中华人民共和国国民经济和社会发展第十四个五年规划和2035年远景目标纲要》明确提出要稳妥发展金融科技，加快金融机构数字化转型。特别是在当前国际疫情持续蔓延和全球经济形势严峻复杂的背景下，金融科技创新对凝聚金融发展新动能、深化数字化转型具有特殊重要意义，已成为引领产业变革、助力新经济发展的核心力量。

一、金融科技创新的发展逻辑

1.*创新始于技术*。近年来，人工智能、云计算、区块链、物联网等信息技术备受瞩目。事实上，这些技术并不是全新技术，它们经过蓄力储能、厚积薄发，在基础理论、工程实践、发展需求的共同驱动下加速演进，迎来了新的爆发期。同时，智能终端普及、网络广泛覆盖降低了老百姓的技术使用门槛，让科技成果与日常生活联系更紧密。在此背景下，科技是第一生产力的重要性更加凸显。新一代信息技术从算力、算法、网络等方面为金融系统架构升级、业务流程再造、服务渠道拓宽等提供强劲的变革动力，化不可能为可能，以前所未有的深度、广度和速度激发金融创新活力，不断催生出金融新业态、新模式。

2.*创新兴于数据*。数字经济时代，数据成为重要生产要素。人们在网络空间活动留下大量行为足迹演变成“数字痕迹”，原本难以处理的纸质文本、图像等信息转化为易于分析的高价值数据。金融机构基于海量多维数据资源的深度挖掘，能够从中发现新知识、创造新价值，进一步明晰事物间的关联关系，构建以用户和场景为中心的关系网络和知识图谱，一定程度上可以实现“预测未来”，推动金融机构的业务流程更高效、用户服务更精准、风险防控更智能。

3.创新稳于制度。创新是向未知领域不断探索、不断试错的过程，充满发展机遇，但风险与挑战往往蕴藏其中。因此，要避免“一管就死、一放就乱”，要设置合理的观察期，在全面摸清创新本质、有效防控潜在风险基础上，适时出台制度让创新稳定固化为成熟业态。把握好制度的出台时机和监管力度尤为重要，过早、过严可能扼杀真正有价值的创新，过晚、过松又会让披着“创新”外衣的伪创新肆意发展、野蛮生长，在歪路歧路上渐行渐远。例如，P2P网贷的大起大落是典型反面案例，而移动支付则是成功典范，成为我国金融科技创新的亮丽名片。

4.创新成于价值观。技术是中性的，应用得当能给金融发展注入新动能，应用不当也可能引发新风险。金融科技创新核心价值在于不忘“为民利企”的初心，坚持守正创新理念，以服务实体经济、惠及百姓民生为出发点和落脚点，运用技术手段疏解小微企业融资难融资贵、普惠金融最后一公里等痛点难点，而不能完全靠利益驱动，罔顾法律法规与监管要求，以“创新”之名行违规欺诈之实。只有以向善的价值观为导向，金融科技成果才能更具成长性与生命力，金融创新发展才能行稳致远。

二、金融科技创新与风险相伴相生

金融科技归根结底还是金融，而金融是经营风险的行业，创新与风险如影随形。金融业要牢记有技术不能任性、有数据不能滥用，严格落实风险主体责任，不能突破制度约束，守住不发生系统性风险的底线。当前，我们要重点关注以下风险点。

1.隐私保护刻不容缓。互联网时代，数据安全与隐私保护已成为金融科技创新过程中不可回避的问题，消费者数据被过度采集、非法共享、随意滥用等现象层出不穷，金融隐私保护问题形势严峻。在法律层面，相比欧美国家，我国隐私保护体系建设起步相对较晚，《中华人民共和国民法典》《数据安全法（草案）》《个人信息保护法（草案）》将隐私权和个人信息保护提到前所未有的高度，很好呼应了数字时代发展新态势，回应了个人信息保护的法律需求，但专门针对金融隐私信息的法律法规还亟待健全。在市场层面，金融数据的高价值导致金融隐私信息买卖的市场需求巨大、经济利益丰厚，不法分子为了牟利建立黑产链条，非法数据交易屡禁不止。在应用层面，科技创新的应用普及给金融隐私保护带来更多风险挑战。例如，一些金融APP存在高危漏洞、隐蔽收集用户信息等安全风险。加之部分金融机构缺乏隐私保护意识，导致数据泄露事件频发。

2.*交叉嵌套风险传播加剧*。金融数字化在提升服务质效同时，也深刻改变了风险传播方式与速率，增加了金融体系的脆弱性。从金融业务角度，不同金融产品相互关联渗透、交叉融合，结构层层嵌套、功能不断延伸，导致金融风险复杂多变、难以识别、加剧外溢。从金融机构角度，机构间通过交叉持股、资产转移、提供担保等方式相互关联。这种复杂的网状结构易成为金融风险的"放大器"，一旦触发风险传染源，将使个别机构风险在"蝴蝶效应"作用下迅速影响其他看似不相关的多个机构。从金融市场角度，跨行业、跨领域金融合作日益深化，跨市场资金流动成为常态，单个市场风险可能沿着资金链、信用链扩散到多个市场，给管理部门穿透式监管、防范化解风险带来严峻挑战。

3.*算法安全不容忽视*。近年来，全流程智能金融模式正在逐步形成。然而，智能算法输入输出间存在大量复杂非线性变换和大规模神经元连接，中间分析决策过程不可见，实质上形成了"黑箱"，存在不确定性风险。既可能因少量随机扰动就引发最终结果剧烈变化，算法可解释性和鲁棒性难以保障，也可能因掩盖业务从输入到输出的内在逻辑关系，算法有可能成为规避金融监管的工具。加之算法可能存在同质化，一旦出现算法模型缺陷、程序错误、系统异常等都可能造成"算法共振"，引发顺周期高频交易，影响金融稳定与安全。此外，金融机构要意识到技术不是万能的，不能仅靠智能算法、大数据就完全决定信贷业务审批，而不管申请人实际是否具有偿还能力，不应该诱导没有收入的人群如学生超前消费、过度信贷。

4.数字鸿沟问题依然存在。科技创新深刻改变了社会生产方式和治理体系，也增强了百姓对信息技术的依赖程度。疫情期间，农村学生网课窘境、老年人健康码困局等现象引发热议，提醒我们数字鸿沟问题不容忽视。从群体差异来看，年轻人对于数字创新的适应能力更强，更易快速学习和使用移动支付、预约出行、网络订餐等数字技术应用。而老年、文化程度较低、残障等群体受传统观念、学习能力等自身条件制约，成为数字经济时代的“弱势群体”。从地区差异来看，数字经济发展地区集聚效应明显，城市与乡村、东部与中西部地区之间数字化差距较大。例如，《中国互联网络发展状况统计报告》显示，截至2020年12月我国城镇地区互联网普及率为80%，而农村地区仅为56%。从技术差异来看，应用技术创新遍地开花，移动支付、数字信贷等金融科技应用领域走向世界领先；但关键核心技术“缺芯少魂”问题突出，芯片、操作系统、数据库等基础羸弱，化解行业“锁喉之痛”迫在眉睫。

三、金融科技创新潜能有待进一步激发

1.数字技术合理运用驱动产业升级。新发展格局下，金融机构开展金融创新离不开数据加持、算法驱动和算力保障。在数据方面，加强数据能力建设，对内强化内控管理，对外划清数据权属关系，

健全数据标准规则体系，采用多方安全计算技术确保共享数据可用不可见，做到自愿授权、最小够用、专事专用、方便通用，防止在数据采集过程中的霸王条款，把数据规划好、管理好、保护好、应用好。在算法方面，从抗攻击能力、隐私保护、可追溯性等方面加强算法全流程管控，确保样本分布合理、特征选择典型、逻辑设计严谨，提升算法可解释性、鲁棒性和可靠性。在算力方面，构建安全可靠、灵活调度与快速部署的算力支撑，提升海量复杂数据处理和高并发信息资源调用能力，推动新型架构转型，满足新形势下快速迭代的创新需求。

2. *金融科技赋能金融活水精准滴灌*。纾解小微企业融资之困是金融做好“六稳”工作、落实“六保”任务的重中之重。金融业要坚决落实《政府工作报告》，进一步解决中小微企业融资难题，拓展市场主体融资渠道。针对融资难，推动信贷服务从以“网点办”为主的线下模式，逐步升级为“云上办”“掌上办”的线上线下结合模式，降低小微企业找贷、申贷、办贷的难度，提升金融机构寻客、获客、拓客能力，增强小微企业金融服务获得感和满意度。针对融资贵，利用金融科技实现审贷放贷自动化、批量化处理，结合工商、税务、司法、供应链等涉企数据完善风控模型和风险定价机制，控制贷款不良率，降低信用风险成本。针对融资精准度，运用基础设施动态监测信贷资金流向流量，强化数字化穿透式监管，实现资金精准投放、可信使用、全程管理，为实体经济“精准滴灌”。

3. 科技创新助推供给侧结构性改革。科技创新是提升金融竞争力、补齐传统产业短板、推动新旧动能转换的重要手段。金融业要将科技创新作为深化金融供给侧结构性改革的重要抓手，充分释放数字红利对金融发展的叠加倍增效应，健全适应数字经济发展的体制机制，优化敏捷型、创新型组织架构，形成灵活、弹性的内部协同网络。全面塑造数字理念和思维，加快业务流程再造，推动金融服务向数字化和智能化升级，构建广覆盖、多层次、有差异的数字化、无障碍金融服务体系，为供给侧结构性改革提供内生动力。

4. 包容审慎监管护航创新行稳致远。2020年5月印发的《关于新时代加快完善社会主义市场经济体制的意见》，提出构建适应高质量发展要求的新型监管机制，健全对新业态的包容审慎监管制度。人民银行结合我国实际，借鉴国际监管框架，设计包容审慎、富有弹性的创新试错容错机制，于2020年10月22日发布《中国金融科技创新监管工具》白皮书，正式推出了符合我国国情、与国际接轨的创新监管工具。下一步，将充分发挥创新监管工具的引领、护航和孵化作用，支持金融机构、科技公司在风险可控的真实市场中对创新应用的理论原型、技术选型、业务模式进行全链条实践测试，及时识别并防控风险，有效验证创新价值，快速打造既能满足市场需求、又符合监管要求的优质产品服务。

第6讲

金融科技与金融稳定

孙天琦

中国人民银行金融稳定局局长

2020年，新冠疫情的发展进一步催生了“非接触经济”的兴起，倒逼很多国家大力发展金融科技，金融机构的数字化转型也在明显加快。二十国集团（G20）在2016年中国任主席国时，开始关注数字金融发展，2020年也在密切关注疫情背景下数字金融、普惠金融的发展趋势。我简要分析一下数字金融/金融科技与金融稳定的关系。

一、金融稳定的基本定义

研究数字金融/金融科技和金融稳定的关系，首先要明确金融稳定的定义。金融稳定理事会（FSB）将金融稳定界定为全球金融体系抵御冲击并防范金融中介和其他金融体系功能中断的能力，这些功能一旦中断将对实体经济产生严重负面影响。

欧央行（ECB）提出，金融稳定是由金融中介、金融市场和市场基础设施构成的金融体系的一种运行状态，在这种状态下，金融体系可以承受冲击，解决金融失衡，从而降低金融中介过程中断的可能性，确保储蓄向具有盈利性的投资机会分配。

人民银行在《金融稳定报告（2005）》中指出，金融稳定是金融体系处于能够有效发挥其关键功能的状态。在这种状态下，宏观经济健康运行，货币和财政政策稳健有效，金融生态环境不断改善，金融机构、金融市场和金融基础设施能够发挥资源配置、风险管理、支付结算等关键功能，而且在受到内外部因素冲击时，金融体系整体上仍然能够平稳运行。

从金融稳定的基本定义看，数字金融/金融科技极大地改变着金融服务的提供方式，改变着金融产业格局，这些新型金融服务提供商必然对金融稳定产生影响，**其影响可以从金融安全网——微观审慎监管、行为监管、宏观审慎管理、存款保险、最后贷款人五个维度来分析。**

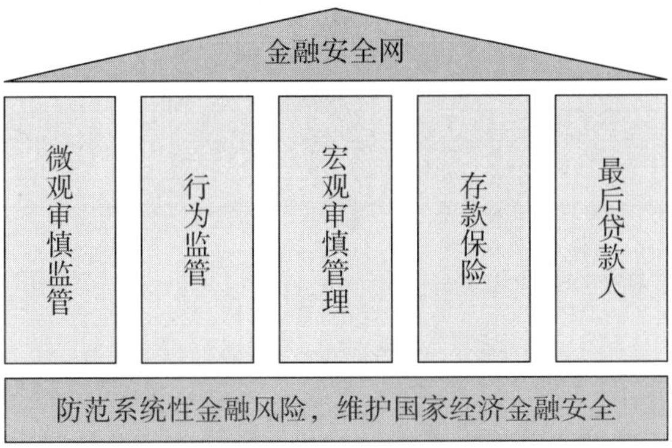

二、长期看，金融科技进步能够促进金融稳定

（一）增强金融体系透明度

一是降低信息不对称，提高风险评估和定价能力。例如，大数据技术可用于提取、分析海量数据，开发出针对特定风险类型的金融工具，有助于提高风险评估和定价的准确性，进而提高各市场参与

方的风险管理能力。二是提高社会信用体系透明度。例如，金融机构引入交易追踪等技术，使尽职调查流程更加便捷，降低合规成本，也有利于落实反洗钱和反恐怖融资要求。

（二）提升金融体系效率

金融科技的快速发展可以促进金融体系接受新技术、改善服务、改进商业模式、降低运营成本，并提高金融市场资源配置效率。例如，FSB研究报告指出，分布式记账技术可以缩短结算时间，提升交易执行效率和速度，从而减少交易对手的风险暴露，释放抵押品和资金，有助于提升整个金融体系效率。

（三）促进市场竞争

一是降低市场准入壁垒和集中度。例如，大数据分析和贷款发放自动化有助于降低信贷服务准入壁垒，智能投顾可以降低投资门槛。同时，一些合法新型数字金融服务提供商也在一定程度上扮演了类似银行体系“备胎”的角色，不仅能够降低信贷在银行体系的集中度，还可以在银行体系发生危机时提供信贷支持。二是降低金融业务流程的集中度，如分布式记账技术。

（四）赋能金融监管者

金融科技的快速发展推动了金融市场的数字化变革，同时也为金融监管提供了更多工具。例如，在股东准入管理、关联交易识别、流动性管理方面，利用大数据智能算法，围绕财务、股权、关联关系等信息对企业风险进行扫描，实现风险的实时分析与处理。欧央行（ECB）开发了一种基于网络分析与图形可视化的工具，帮助监管部门深入了解监管对象持有的私募股权基金情况，以及重要机构股东之间的关联性。

（五）提升金融普惠程度

金融科技的发展可以使金融体系、金融服务渗透得更深、更广，有助于提高居民、中小企业金融服务的可得性和便利程度，从而促进经济的可持续增长和投资风险分散化。例如，基于大数据的借贷，为中小企业提供了更多无抵押贷款。

三、数字金融发展给金融监管提出新课题、新挑战，风险呈现新特点

（一）金融科技发展可能的微观金融风险特点

一是流动性风险。如数字金融服务资金运用的期限错配、货币错配等问题。随着近几年金融数字化程度提高，一些地方小银行甚至村镇银行通过第三方互联网平台从全国吸收个人储蓄存款，这类

存款具有开放性、利率敏感性高、以异地客户为主、客户黏性低、随时支取等特征，稳定性远低于线下存款，增加了中小银行的流动性管理难度，一旦银行或平台出现负面舆情并在网上传播，极易导致“存款搬家”。同时，此类存款全额计入个人存款，导致流动性匹配率、优质流动性资产充足率和核心负债比例被高估。近些年国际上发生的挤兑事件中，有几起已经由线下的网点挤兑为主转为线上挤兑为主。过去处理挤兑的方式，是将现钞拉到现场，在银行网点柜台展示给储户看，“你放心，现钞多得是”，1~3天挤兑事件就过去了，守住柜台就控住了风险。但现在从几个国际案例来看，守住柜台仅仅守住了10%~30%，超过70%将在线上快速流出。如何应对线上挤兑是个新课题。

二是信用风险。（1）长尾客户风险。联合国普惠性发展融资特别倡议（UNSGSA）在一份报告中指出，一些国家网络借贷发展过快，导致相对贫困的借款人过度借贷和违约率上升。这种情况前几年就已出现，2020年受疫情影响，在部分国家更加明显，包括美国。（2）信用风险评估模型不健全导致的信用风险。主要体现在模型尚未经过完整的信贷周期检验，数据质量和完整性可能不如传统借贷。部分模型过度依赖硬数据而忽视软指标，在风险存在很强异质性的情况下会削弱模型评估质量。（3）第三方互联网平台存款“集中比价”加剧银行资产端风险。多家银行的存款产品在同一平台集中展示，有的平台按利率从高到低进行“集中比价”，加剧了银行间竞价吸储的行为，促使中小银行不断推高利率水平。为获得利差收益，银行不得不开展高收益投资，匹配高风险资产。这些银行资产质量出现问题后，更加依赖高息负债做大资产规模，导致恶性循环。

三是数字化业务模式可能加重操作风险。（1）网络事故风险，如数据泄露、欺诈、业务中断和网络攻击等。近年来，诸如Wannacry事件、NotPetya事件等网络风险事件导致金融部门遭受严重损失。（2）内部治理和流程管控风险。例如，很多新型数字金融服务商缺乏数据收集、存储和处理的标准化流程，导致数据被滥用。还有一些加密资产采用去中心化和“公有链”设计，治理框架和流程管控不健全，难以确保操作安全和系统稳定，也增加了反洗钱和反恐怖融资风险。有调查发现，全球120家最受欢迎的加密资产交易所中，约2/3的交易所未能落实反洗钱、反恐怖融资和客户识别要求。（3）关键第三方服务提供商依赖风险。据美国科技媒体TechCrunch报道，2019年初，美国多家大型银行泄露2400多万份银行资料，涉及大量贷款和抵押物信息，造成泄露的原因是第三方公司OpticsML所提供的服务器出现漏洞。

以上因素，加上新型金融服务提供商与商业银行的联合贷款放大杠杆率等，可能导致对这些新型金融服务提供商的资本要求不足，甚至严重不足。

（二）金融科技发展可能引发系统性金融风险

一是部分新兴的数字金融服务容易引发声誉风险的传染，并增加新的传染路径。一方面，零售业务易引发声誉风险传染，在加密资产领域尤为突出。如果一种加密资产出现大面积挤兑，很可能引发市场恐慌，导致用户不加区分地挤兑其他同类资产。另一方面，金融科技带来了新的系统性风险传染渠道。金融科技应用越广，越容易产生复杂的网络效应和传染性。例如，复杂的算法交易，可能导致整个金融市场出现不可预知的系统性风险。2010年，美国道琼斯指数在半小时内暴跌700点，之后又戏剧性地反弹600点。这次“闪电崩盘”让美国股市暂时性蒸发了1万亿美元，其中一个重要原因是自动化交易的算法缺陷。

二是数字金融服务很多情况下呈现更明显的顺周期性和波动性。比如，网络借贷平台业务可能增大信贷业务的顺周期性。网络借贷平台业务受散户投资者风险偏好影响较大，再加上信用风险模型未经检验，可能出现风险定价过低或过高、信贷质量评估和借贷标准不如传统机构精确等问题，易加大信贷业务的顺周期性。智能投顾业务的羊群效应也很明显。在市场平稳运行时，智能投顾会通过高频数据捕捉价格波动，更加活跃地撮合交易。这种顺周期性同样出现在市场流动性紧张时期，智能投顾会以更快的速度退出市场，加剧市场价格的大幅下跌。

三是新型数字金融服务提供商的系统重要性上升，可能增大关键服务中断的风险，并可能因垄断导致市场失灵。2020年10月6日，美国众议院针对大型科技公司可能的反竞争和反垄断行为发布一份长达449页的报告，指出科技巨头借助垄断地位开展不公平市场竞争，并建议对科技巨头进行更严格的监管，甚至拆分。随后，美国司法部正式起诉，指控一家科技公司利用不合法手段垄断搜索领域。

四是加密资产和数字货币的广泛使用，可能助长跨境套利，加剧跨境资本流动。一方面，加密资产不受地理边界的约束，如果没有国际监管协作，一国的监管规定在另一国境内难以发挥作用。由于各国市场成熟度、司法、监管、货币可兑换程度等方面存在的差异，在一个国家属于非法的事情，在其他国家可能是合法的，跨境监管和司法合作沟通成本大。另一方面，高通胀率和汇率波幅较大国家的居民使用主要储备货币发行国发行的数字货币，可能削弱这些国家本币的主权地位，绕过资本管制，加剧其资本流动和央行资产负债表波动。2019年在外滩金融峰会上，我就天秤币（Libra）提出三点看法：（1）必须严格明确中国的法定货币就是人民币，所有的境内交易计价结算必须使用人民币。（2）必须把Libra看作外币。如果其在我境内落地，必须要严格遵守中国目前的外汇管理框架。（3）Libra在技术上给我们提出的课题是在数字环境下要能区分哪些交易是境内主体之间的交易，哪些交易是境内主体和境外主体在数字环境下的交易等。如果做不到，就禁止使用。

（三）对部分金融科技的监管存在空白

一是不少机构“无照驾驶”开展金融业务，属于非法金融活动。主要包括两类：一类是打着科技创新旗号，开展金融活动。前几年野蛮生长的网络借贷行业从事各类小额贷款、担保等金融业务，却没有正规金融牌照，一度处于无人监管状态。另一类是未经国内准入要求，开展跨境金融服务。部分境外机构或中国境内的市场主体利用“国外宽准入，国内宽监管”的特点，迂回海外拿到金融牌照、再通过数字平台在境内提供金融服务，进行监管套利，扰乱国内金融秩序。类似的，还有在国内一个省拿到小额贷款公司牌照，然后通过互联网全国展业，严格讲，在其他省属于“无照驾驶”，属于非法金融活动。

对支付、银行、证券、保险等境内、跨境金融业务，很多新型金融服务提供商在境外有实体企业、不少在境外获得金融牌照，不敢在美国、澳大利亚、英国、日本等国家做，却在中国做，就是在挑战中国监管，挑战中国司法，这必须改变。

二是非金融部门提供的很多关键第三方服务，仍游离于金融监管之外。一些第三方机构仅将自身定义为技术服务提供方，未参照金融行业的技术标准对信息系统进行管理，同时又强势介入银行产品和服务的管理，造成风险隐患。例如，第三方互联网平台存款业务中，银行仅能被动提供存款产品，平台控制了产品营销、客户和数据管理，并限制业务办理渠道。一些强势平台与银行签订“霸王条款”，对于客户在平台购买的存款，查询、存取等只能通过平台，无法在银行自营平台（如手机银行APP、网银）操作，银行也不能直接向存款客户进行营销。此外，客户个人身份信息、交易记录等均在平台存储，银行无法掌握完整的数据权限。这些第三方机构所受的监管弱于受监管的金融机构，随着其为金融机构提供服务的规模不断增大，科技风险可能向金融机构蔓延。

三是金融科技更新速度和智能化程度带来监管滞后风险，体现在监管能力滞后和监管数据缺口，甚至基本的数据真实性难以保证等方面。金融监管部门通常并非技术领域专家，叠加监管资源有限等问题，在理解和评估金融科技领域的创新和模式上存在困难。比如，一些大数据分析模型较为复杂，缺乏可解释性，监管部门难以评估其技术稳健性，也难以预见其对市场行为的影响；一些采用“黑盒”设计的算法缺乏透明度，难以有效审计其安全性。

（四）金融数字化程度提高对行为监管带来新挑战

一是零售端，消费者保护复杂度、难度上升。随着金融业数字化转型，指纹支付、刷脸支付、远程开户等新技术不断涌现，个人身份特征信息和财务信息被过度收集，收集范围超出个人授权，甚至被进行商业性开发和集团内使用，对消费者的侵权主体、侵权方式、损害形态呈现多样性。典型的，如消费者的手机失窃，就可能导致各种信息泄露、信用卡被盗刷，身份被盗用以申请新的贷款也会引发消费者财产损失、精神损害，甚至危及生命安全。而且，数字环境下交易、证据呈现电子化趋势，电子证据的产生、固定、调取等，大多为经营者所掌握，消费者处于明显的技术劣势。还有很多消费者，既缺乏金融知识，也缺乏科技知识。

二是批发端，不时发生操纵市场、内幕交易、资源互换、交叉补贴、利益冲突等问题。

三是披着科技外衣的不当行为更加难以监测。例如，拉脱维亚黑客Nagaicevs侵入美国大部分券商的在线经纪账户，大约实施了159次操纵活动，操纵了104只纽交所、纳斯达克的证券，获利超过87万美元。由于其手段隐蔽性强，直到14个月后才被美国证券交易委员会发现并查处。

四是部分第三方超范围收集和留存客户信息，制约银行履行反洗钱等义务。比如：第三方互联网平台存款业务中，平台违规参与了银行账户核验、超范围收集和留存了客户的个人金融信息，侵犯了客户权益。部分平台为提升客户体验，要求银行降低反洗钱履职标准，一些银行与平台合作时存在客户身份基本信息要素采集不全的情况。

（五）金融科技可能削弱现有金融安全网的有效性

一是金融机构利用技术手段突破区域限制和监管约束。1.突破经营区域限制。借助大平台品牌和流量优势，地方法人银行与互联网平台合作在全国吸收存款、发放贷款，偏离了服务当地的经营定位。例如，某省8家地方法人银行通过第三方平台吸收的存款中95%为外省存款。2.突破利率监管规则。一些银行与平台合作通过缩短付息周期或发放加息券、现金奖励等方式变相提高存款利率，突破市场利率定价自律机制的要求。如某银行5年定期存款，每3个月付息，利率达4.1%，而3个月定期存款基准利率仅1.1%。3.规避监管力量强的地区。平台现有技术手段可实现“千人千面”，即向不同客户展示不同的存款产品，不同人群看到的展示页面不同。基于此优势，部分平台通过设置高息、不规范产品的可见地区，刻意屏蔽北京、上海等监管力度大的地区。

二是滥用存款保险兜底机制，面临严重道德风险。存款保险是金融安全网的重要支柱之一，但是，一些第三方互联网平台存款案例中，部分银行不仅通过各种方式变相抬高存款利率，还在平台销售页面突出50万元以内存款受存款保险全额保障的信息，暗示“零风险、高收益”。

三是金融科技的发展可能加剧“去中心化”趋势，超出最后贷款人覆盖范围。金融安全网核心的一点，就是央行的最后贷款人机制，目前最后贷款人机制主要覆盖中心化的金融机构，在中国主要覆盖的是商业银行。在去中心化技术广泛运用背景下，这一干预措施的覆盖范围将发生变化。

四是私人部门数字货币可能降低货币政策和最后贷款人机制的有效性。私人部门数字货币若广泛使用，势必对一国以主权货币计价的经济活动造成割裂，导致类似“美元化”的问题，影响央行货币政策传导与最后贷款人机制的有效性。

四、完善监管体系，严肃市场纪律，发挥金融科技支持实体经济、维护金融稳定的积极作用

（一）制定审慎监管要求，确保对金融科技业务的全面覆盖

一是严格落实持牌经营，严厉打击“无照驾驶”。按照国内现行法律规定，“无照驾驶”就是非法金融活动。金融业实行严格的持牌准入和业务监管要求，若大型科技公司从事金融业务，也应遵守同样的准入和监管要求。新加坡、中国香港金融管理部门还引入了新的牌照类型，比如，数字银行、虚拟银行牌照。另外，单从准入来看，一些新型金融服务提供商的国内、跨境金融业务在“无照驾驶”下持续活跃，是否反映了当前社会存在金融抑制？或者，长时期打而不绝，长时期持续活跃，乱象丛生，是否也反映了监管有效性、及时性需要提高？我们需要反思，在防范风险的前提下，哪些方面可以降低市场准入门槛，提升金融业的竞争性，哪些方面必须严格及时执法，严厉打击违法违规、“无照驾驶”，严肃监管和司法，维

护市场秩序。比如储蓄存款，它不同于其他金融产品，涉众性很强，甚至涉及社会稳定。互联网平台未经批准开展代办储蓄业务，游离在金融监管之外，必须从严认定，实质是“无照驾驶”开展金融业务，属违法违规金融活动。未取得业务经营牌照的互联网平台，不应在名称中出现“金融”字样。

二是对新型数字金融服务提供商，建立符合其特点的审慎监管框架。包括最低资本要求、流动性风险监管要求、市场风险监管要求、信贷集中度要求、关联交易管理要求、杠杆率要求、操作风险管理要求等。例如，针对数字钱包业务可能产生的期限错配风险，部分经济体监管部门要求数字钱包从客户银行账户或信用卡账户中直接扣款，即便允许使用客户资金投资，也应投资于高流动性资产；中国则要求第三方支付机构将客户备付金100%存放于央行。网络放贷业务，也应设立严格的资本、杠杆率、单户借款额度等监管要求，避免滥用杠杆、随意放大杠杆、过度授信，导致风险外溢至银行体系。

三是对传统金融机构开展或者合作开展的新型数字金融业务，应加强监测、及时规范，根据其风险特征，及时优化或者增设审慎监管指标。例如，前文所述一些商业银行特别是中小银行借助互联网平台吸收存款，突破了传统渠道的空间限制，从资金来源看，已成为全国性银行。一个值得思考的问题是，数字化时代，限制银行跨区经营是否必要？随着商业银行离柜率越来越高（目前已接近90%），理论上中小银行都可以通过互联网实现全国经营。监管是否还应继续对跨区经营设限？如果不设限制，地方银行是否都要变成全国性银行？是否需要这么多全国性银行？这些银行的风险管理能力能否匹配全国性经营的要求？

这需要监管部门审慎研判地方银行异地经营的潜在风险，修订监管规则，完善相关监测指标。同时，研究对于高风险机构参与金融创新活动予以一定的限制，严控金融风险。完善存款保险偿付规则，研究确定滥用存款保险50万元法定偿付标准、搞资金价格竞争（高息揽存）的应对之策。例如，美国联邦存款保险法规定，资本状况不足的存款类机构不得通过第三方中介吸收存款，且此类机构的存款利率不得超过该机构日常经营区域内，或其存款被揽收的区域市场同等规模和期限的存款有效利率75个基点。美国联邦监管机构对高风险银行吸收中介存款设置了较高的存款保险费率，并对银行通过第三方中介吸收的个人存款设置了较高的流失率，根据期限长短、是否受存款保险保护等因素，将这类存款流失率设定为10%~100%不等。

四是对同时提供多种类金融产品和服务的新型数字金融服务提供商建立风险隔离要求。金融产品和服务在传统框架下边界较为清晰，相互之间设有“防火墙”，监管要求也相对明确，但随着金融科技的发展，一些金融产品和服务的边界逐渐模糊。例如，一些互联网机构整合其“场景+数据+支付”资源优势和银行贷款资金支持，形成了“支付+小额贷款+银行+资产证券化”业务模式。单独拆分每一项业务均为持牌经营，但业务嵌套后各服务主体责任划分不清晰，业务环节穿透难，削弱了现行监管政策的约束力。还有的互联网机构开办“金融超市”，同时经营存贷款、保险、基金、理财等多类业务。不管是多层业务嵌套还是一站式金融服务，监管部门都应确保其遵守相应的风险隔离要求。

五是提高同时与多家金融机构开展合作的新型数字金融服务商的风险责任意识。前文所述的第三方互联网平台存款业务，一些与银行合作的平台认为，他们没有能力判断银行和业务风险，风险控制和投资者教育是政府的责任。但实际上平台能够掌握存款的机构集中度、区域集中度，对于集中度明显很高的存款，平台是否为了利益而刻意无视风险？如果合作银行出了问题，平台是否也难逃声誉上的连带影响甚至赔付责任？头部平台应站在行业的角度，如果与银行合作的业务乱象丛生，必将进入死胡同。

六是将监管范围扩展至第三方科技供应商，尤其是具有系统重要性影响的机构。国际货币基金组织（IMF）在2018年发布的《巴厘岛金融科技议程》中指出，从金融稳定角度看，对系统重要性机构的认定应扩大至非银行金融机构，以及提供关键金融科技服务的基础设施，并对其实施强化监管。实践中，除了具有系统影响的金融科技服务商，还应对各类中小科技供应商施加不同程度的监管要求。例如，对于参与信用创造过程的助贷机构，监管应及时介入，避免其通过人为调整风控模型参数来提高信贷可得性，酿成另一轮

"次贷危机"。

以前我举过一个例子，运输危险货物的卡车，由于其发生事故后风险外溢性远大于普通运输车辆，各国都对其实施了严格的要求。相应的企业必须向工商部门登记、获得运输管理机构的行政许可、在运输过程中严格遵守有关部门关于危险货物运输线路、时间、速度方面的规定等。如果另外有一类卡车，自己不运输危险品，但是天天"贴"在运输危险货物的卡车屁股后面跑，相关管理部门是否也应对其施加一定约束，例如行驶速度、防爆措施等？如果不施加约束，那么这些车辆很可能对运输危险货物的卡车造成冲击，间接导致极高的风险外溢。

也就是说，该纳入监管的，必须纳入监管。

（二）建立行为监管体系，维护市场秩序

2007年美国次贷危机之后很多国家通过加强行为监管补金融监管短板。行为监管的零售端主要是保护消费者、投资者，如对欺诈、误导、垄断、不正当竞争、不正当追债等行为实施监管；批发端是打击操纵市场、内幕交易等行为。客观上看，中国与国际情况一样，对传统金融机构的行为监管的重视程度远远不及审慎监管，对新型数字金融服务提供商的行为监管更为滞后，这是金融乱象周而复始的根本原因之一。监管部门主要的精力集中于改革、开放、创新、发展以及爆雷后的风险处置，对事中监管、过程监管不够重视，长

时间议而不决，措施不落地。

在建立行为监管体系方面，应强调以下几点：**一是**重视行为监管，处理好其与审慎监管的关系，明晰中央金融监管部门间、央地金融部门间职责分工。功能监管要落地，重点要加强对非金融企业违法违规开展金融业务的治理，监管部门间不能相互推诿。**二是**强化行为监管能力，提高法律背景人员的比重。**三是**建立分级监管模式，重点加强对高市场占有率机构、高风险机构的监管。**四是**监管部门建立全国性呼叫中心，便利消费者咨询和纠纷解决。重视投诉数据库建设和数据分析，发挥投诉作为金融监管政策执行情况的温度计和传感器的积极作用。重视投诉、重视纠纷解决工作，是衡量监管部门是否重视行为监管、是否“以人民为中心”的一个基本衡量指标。**五是**平衡好个人信息的利用与保护。尽快出台《个人信息保护法》，系统保护金融消费者权利，并通过适当安排，承认并保护经营者在遵照最小化、必要性原则基础上合法获取、利用个人信息过程中产生的“数据权利”，促进个人信息合法利用。**六是**给予金融消费者适度倾斜保护，调节技术应用中的失衡。明确电子证据的使用范围、效力等规范，增强经营者的证据留存、提供义务。明确举证责任倒置，强化经营者的举证责任。**七是**借鉴国外做法，建立对举报揭发（whistle blower）的重奖机制，充分发挥人民群众和网络的力量。**八是**加大对违法违规行为的处罚力度。

（三）落实功能监管要求，消除监管空白、监管盲区

一是按照实质重于形式原则，对具有跨行业、跨市场特征的金融科技产品和服务，按照其业务属性和风险实质实施归口管理。以美国对网络借贷行业的监管为例，利用自有资金直接向客户发放贷款需获得州贷款业务许可并接受监管；向公众出售或发行票据需接受证券交易委员会监管；消费者保护事宜须接受消费者金融保护局监管。再以全球稳定币（GSC）为例，其涉及电子货币发行、集合投资计划、吸收存款、证券交易、支付等业务领域的，应分别满足相应领域监管规则。

二是技术中立，不因技术手段不同而放松监管要求。机构无论采用何种技术手段和渠道开展业务，都需要重点关注其是否存在募集公众资金、公开发行证券、从事资产管理等行为，按照业务实质实施准入标准和监管要求。例如，智能投顾等投资管理类金融业务，应要求其无论采用传统模型还是网络平台模型，均适用登记注册、投资者适当性和行为准则等现有证券业监管规则。又如，依托互联网技术的存贷款、保险、基金、信托、理财等业务，均应遵循实质相同业务执行相同监管要求的原则。

三是借助技术手段开展金融业务必须要有底线意识。通过引入科技手段提高金融服务质量和效率，本应是好事。但是，在一些第三方互联网平台存款案例中，部分机构的科技手段走偏入魔。例如，现有技术手段可以通过用户登录的IP地址识别用户所在区域，本应

用于帮助地方中小银行识别本地客户以提供服务，但部分平台协助地方中小银行异地吸收存款，同时利用该技术可以屏蔽北京、上海等监管力量强的地区，以避免被监管部门发现。技术是中性的，但使用技术的主体必须遵循依法依规、公平公正的底线。

（四）研究新型数字金融服务相关的风险处置机制

一是建立业务恢复和风险处置框架。包括：（1）持续升级网络风险应对框架，开展网络风险定量评估，监测识别并修复关键漏洞，建立金融部门应急计划。（2）建立对关键业务的恢复和处置计划，确保关键数字金融服务提供商能够在相应的法律（或破产）框架下进行有序清算或处置，确保关键功能不中断。

二是重新审视"去中心化"背景下金融安全网的有效性。部分金融业务在数字金融、金融科技发展的背景下，已经转移至传统银行体系外，金融管理部门需要重新审视金融安全网要素的作用，如央行如何发挥最后贷款人角色、存款保险的覆盖范围、系统性金融科技公司的界定、危机管理和处置机制等。

应该给市场、给投资者消费者明确信号，一些企业根本不在金融安全网保护措施的覆盖范围之内。

（五）发展金融监管科技，提高监管效率

金融科技的不断发展使得金融业生态日趋复杂，也对监管部门

的能力提出更高要求。监管部门需要充分利用科技手段，提高监管的时效性、精准性和前瞻性。金融科技可以更好地赋能金融监管，大数据、机器学习、自然语言处理、网络分析等技术的兴起为监管部门提供了新工具。FSB在2020年10月发布的一份报告中指出，据调查，超过1/3的监管机构已经开始应用监管科技（SupTech），其余机构也处于开发或实验阶段。**借助监管科技，未来的金融监管可实现以下转变。**

一是升级监管数据获取方式。传统的监管数据收集方式依赖被监管机构的报送，一定程度上存在数据滞后、报送不实等问题。借助金融科技，监管数据获取方式可以从“报送式”转变为“提取式”。在“提取式”模式下，金融机构通过应用程序接口（API）等方式使其数据库与监管部门对接，监管部门可以随时从中提取所需的数据，从而提高监管数据时效性和处理效率。对金融机构而言，可以简化报送流程，减少重复报送，减轻报送负担。

同时，改变目前热衷大量汇集数据，但是分析挖掘跟不上的问题，导致数据“睡大觉”，出大事、大风险后才发现自己系统里的数据早已经能反映该风险。

二是重视非标准化、非结构化数据。除标准的结构化数据以外，监管部门往往还掌握大量非结构化数据，如文字报告、图表、网络信息等。以往监管部门只能通过人工方式从中提取有用信息，工作效率较低，对非结构化数据难以做到全面利用和监测。随着自然语言处理等技术的发展，非结构化数据的提取和利用效率将大幅提高，有助于进一步充实监管部门的数据来源。例如，当前监管部门主要利用标准化数据识别坏股东和关联交易（如要求金融机构报送前十大股东的名称、类型、持股比例、实际控制人等情况），未来可以增加非标准化数据（司法判决、新闻、年度报告等）的运用，强化穿透式监管。

三是金融风险监测应更具前瞻性。这主要针对传统金融风险监测的滞后性而言。例如，欧央行运用机器学习技术，在单个银行层面的季度数据基础上，辅以银行业总体数据和宏观经济指标，前瞻性地识别在未来可能面临压力的银行机构。此外，该系统还能识别出模型中的关键变量和指标，帮助监管部门前瞻性地研判风险场景，给监管干预留下充足的时间窗口。

四是市场监督应尽可能实现实时监督。违规交易和可疑交易往往涉及多个金融机构的大量账户，利用网络分析、机器学习等技术，可以对海量数字金融交易的合规性进行快速智能判断，实时监督金融市场操纵、内幕交易等违法违规行为，有效识别市场欺诈和违规销售，及时发现洗钱、恐怖融资等可疑交易主体和相关金融机构的聚类（cluster）情况。

（六）加强跨部门和跨境合作

一是加强金融管理部门和其他政府部门之间的合作。金融科技的发展涉及竞争、安全、金融稳定、消费者保护等政策目标，应加强金融管理部门和数据保护、市场竞争、消费者保护等其他管理部门之间的协调和合作。

2016年G20杭州峰会通过的《G20数字普惠金融高级原则》指出，“数字金融发展中，要建立公共部门和私人部门的良好的沟通机制和渠道”。从国际经验看，行业规则形成过程中，头部企业要发挥更大的建设性作用。若行业秩序出问题，不光是管理部门有责任，头部企业同样也有责任。

二是加强各国监管当局的跨境合作。数字世界无国界，金融科技创新大多具有跨境性质，各国对金融科技监管规则不一容易导致监管套利和空白，需要加强跨境监管合作、司法合作，加大对违法违规跨境金融科技活动的打击力度，维护各国金融秩序和金融稳定。

本文系作者2020年10月在中国金融四十人论坛（CF40）研讨会上的发言整理稿

第7讲

算法经济与算法监管

姚前

中国证监会科技监管局局长

近年来，随着云计算、大数据、人工智能、区块链等创新技术的发展与应用，数据作为生产要素的价值日益体现，算法在经济活动中的重要性日趋凸显。本文着重探讨了算法在经济领域的影响，并定义了一种以智能算法为核心的新型经济模式：算法经济。不过，算法隐含风险，因此要以监管科技应对新型科技，加强算法监管，这既是顺应之策，又是必然之举。

算法是指一系列解决问题的清晰计算机指令。当今信息时代，算法已渗透到社会各个领域。克里斯托弗·斯坦纳在其名著《算法帝国》里对算法推崇备至，认为构建算法模仿，超越并最终取代人类，是21世纪最重要的能力，未来属于算法和其创造者。

一、算法经济

商品经济的根本是买与卖、供与需的匹配。由于信息不对称，市场主体需要搜寻合适的对手方进行交易，这将耗费大量成本。某种意义上，搜寻技术决定了交易空间。在没有互联网之前，人们依靠广播、电视等媒体广告搜寻交易对手。到了互联网时代，人与人之间的物理隔绝与时空限制得到大幅解放，出现了电子商务这一全新的经济模式。“网络购物，只有想不到，没有买不到。”网购已深入人们生活的方方面面，供与需的匹配得到极大改善。

应该说在互联网经济的初期，以连接产生网络效应为主，数据价值尚未显现，算法还只是辅助，电商活动高度依赖平台公司的组织与管理。近年来，随着云计算、大数据、人工智能、区块链等创新技术的发展与应用，数据作为生产要素的价值日益体现，算法在经济活动中的重要性日趋凸显。

一是算法拓展了互联网经济的深度与广度。比如，基于平台的交易数据、用户自身提供的数据以及其他另类数据，开展大数据分析，对用户进行“千人千面”画像，深入分析每个消费者的个体行为模式和特点，形成独特的客户洞察，开展精准营销、服务和风控；基于算法的智能调度，使云计算很好地满足了实时海量交易和数据处理的性能要求；智能客服提升客户服务的响应速度，降低成本，提高效率。

二是出现了以算法为核心的新型经济模式，也可称之为算法经济。算法经济是指人们将生产经验、逻辑和规则总结提炼后“固化”在代码上，使生产经营、交易融资等活动无须人工干预，自动执行智能化经济模式。

算法经济的典型代表是算法金融。互联网平台企业依靠用户生态，以数据为核心，以算法为驱动，以计算资源为保障，在互联网平台上开展和提供支付、贷款、财富管理、保险等各类金融服务。依靠强大的数据分析能力，开展智能营销、智能风控、智能投顾、智能理赔，为客户提供量身定制的金融服务和产品，并将专家分析决策经验与人工智能技术融合，通过风控模型的自学习、自进化分析过程，实现基于海量数据机器学习的实时复杂风控，帮助合作金融机构更好地量化风险，更好地应对了解你的客户（Know your customer，KYC）、反欺诈、反洗钱、信用风险等关键业务风险。

算法经济的典型代表还有共享经济，如类似优步（Uber）、滴滴打车等共享平台。在这些平台上，生产者与消费者直接进行动态、多变、复杂的网状连接和点对点交易，而有效支撑这些网状连接和点对点交易的则是平台企业设计、维护和运营的强大算法。并且随着环境和市场的变化，算法会不断调整和优化。虽然共享平台的算法机制背后仍没有脱离传统企业的组织形态，平台规则和算法由企业设计、维护和运营，但算法已在很大程度上取代了企业的组织、管理与协调功能，日益成为平台的关键核心。某种意义上，共享平台的算法机制或可看作企业所提供的SaaS服务（Software as a Service，应用即服务）。

如果说共享平台的算法机制还“残余”着企业的影响，去中介化、去组织化的加密经济则干净利落地“抹除”了企业的“痕迹”，完全依靠算法开展经济活动。这是一种“无组织形态的组织力量”。加密经济以密码学技术为基础，通过分布式共识机制，“完整、准确、难以篡改”地记录价值转移（交易）的全过程，构建了多中心化的应用或商业逻辑，并且通过智能合约，保证业务逻辑的自动强制执行，整个流程无须管理人员介入，自动完成数字化经济活动。加密经济不仅有技术逻辑层的支撑，还有经济逻辑层的保障，再加上区块链、第五代移动通信技术（5G）、物联网、大数据、人工智能（Artificial Intelligence，AI）等技术的赋能，有望成为具有巨大潜力的新兴经济模式。截至目前，基于“区块链+5G+物联网”的加密经济模式已在仓单物流、农业溯源、资产数字化、数字金融等领域落地应用。

与算法经济相伴随的是算法货币。作为交易的一般等价物，货币理应是大家一致同意的社会共识，否则无法广泛流通。在许多时候，共识通过制度予以确立，比如，法定货币。比特币虽然难以成为真正的货币，但它创造了一种完全基于算法的货币形态：经共识验证的难以篡改的可追溯的“未花费过的交易输出”（UTXO），一定程度上启发了法定货币的数字化或曰代币化（Tokenize）。在价值上，法定数字货币是信用货币，在实现上则很可能是算法货币。

二、算法隐含风险

算法经济大幅改善市场经济的匹配效率和交易成本。人们一方面欢迎和享受智能算法带来的便利，另一方面却担心被智能算法替代，导致个人价值丧失。不仅如此，随着算法经济的快速发展，算法的渗透力和影响力日趋强大，其背后隐含的风险以及作恶的可能引起了关注。

首先是算法滥用。算法规则的背后是商业利益。为了追求利益最大化，算法有可能违背社会公平、道德和人性，比如，大数据杀熟，同样的商品或服务，老客户的价格反而比新客户要贵。只推荐给人们能带来潜在商业利益的东西，而不是最适合、最恰当的东西。可能滥用人性弱点，过度激发、劝服、诱导客户，使人习惯于被“喂养”，不自觉地对算法投放的产品沉迷上瘾。只有算法逻辑，没有考虑人性，将人“异化”为简单的数据、商品和工具。算法的具体原理和参数只有运营企业的少部分人才能知道，有可能产生利益侵占问题，曾经某共享打车软件的动态调价算法就被质疑过该企业是否在利用算法谋取私利。甚至，企业可能利用算法作恶，比如，为了扩大流量，推送耸人听闻的虚假信息、推荐虚假产品等。

其次是算法偏见。算法的数据可能不一定全面，片面的数据得到的结果必然导致某种偏见。算法的设计者是人，算法设计师乃至企业管理者、价值观的偏见可能被嵌入算法。算法的“技术光环”容易让人盲从所谓的“科学”，但实质上有些算法却存在很大程度的不可解释性，比如，类似“黑箱”的机器学习算法；机器学习算法侧重于相关性分析，而不是因果分析，可能产生错误的勾连与判断；基于历史数据的机器学习算法隐含着“过去决定未来”的逻辑，以历史宿命论定义和标签每个人，某种程度上也是一种偏见。

再次，“算法鸿沟”也值得重视。算法通常是隐秘的，或是专利，或是商业秘密。即便公开，因技术门槛，也不是每个人都能看懂。这就形成新的“数字鸿沟”。不懂算法的人群在利益受损时有可能并不知情，即便知情，也可能无力举证和对抗。

最后，在特定领域，算法还可能引致特定风险。比如，在金融领域，智能算法给出的资产配置建议有可能是推荐了与金融机构自身利益高度相关的产品，涉嫌利益侵占；智能算法形成“信息茧房”，强化投资者偏见，容易掩盖金融风险复杂性，引诱过度消费和负债，甚至误导投资者；智能算法若存在歧视，则损害投资者公平性；智能算法若趋同导致“羊群效应”，则加大金融顺周期风险等。

三、算法监管建议

各国监管部门高度关注算法隐含的风险。欧盟《一般数据保护条例》（General Data Protection Regulation，GDPR）第22条对自动化决策加以限制，如果某种包括数据分析在内的自动化决策会对数据主体产生法律效力或对其造成类似的重大影响，数据主体有权不受上述决策的限制。针对智能算法在投资顾问中的应用，美国证券交易委员会（SEC）、美国金融业监管局（FINRA）、澳大利亚证券和投资委员会（ASIC）出台了具体的智能投顾监管指引。2018年我国资管新规《关于规范金融机构资产管理业务的指导意见》提出要避免智能算法的顺周期性风险，要求金融机构应当根据不同产品投资策略研发对应的人工智能算法或者程序化交易，避免算法同质化加剧投资行为的顺周期性，并针对由此可能引发的市场波动风险制订应对预案。因算法同质化、编程设计错误、对数据利用深度不够等人工智能算法模型缺陷或者系统异常，导致“羊群效应”、影响金融市场稳定运行的，金融机构应当及时人工干预，强制调整或者终止人工智能业务。2020年9月，国际证监会组织（International Organization of Securities Commissions，IOSCO）市场中介机构委员会发布中介机构如何应用人工智能和机器学习的咨询报告，提出具体指导方针，以协助IOSCO成员建立适当的监管框架，监督市场中间商和资产管理人应用人工智能和机器学习。即将出台的欧盟《数字服务法案》（Digital Services Act，DSA）拟授权“数字服务协调员”（Digital Services Coordinators）监管大科技公司的合规情况，其中包括用于定向或精准广告的算法是否合法，并要求平台企业公布其算法如何自动向在线客户推送内容或商品的细节。2020年12月中共中央印发《法治社会建设实施纲要（2020—2025年）》，提出要制定完善算法推荐、深度伪造等新技术应用的规范管理办法，要加强对大数据、云计算和人工智能等新技术研发应用的规范引导。

总的来说，智能算法已在科技大公司（Bigtech）大量应用，考虑到其生态规模巨大、潜在风险和社会影响不容忽视。而我国算法监管制度正逐步完善和健全，但具体内容有待细化完善。

从机制看，算法监管的具体内容至少包括六方面：一是信息披露，即作为算法的设计者和控制方，科技大公司及其他利益相关者应该披露算法设计、执行、使用过程中可能存在的偏见和漏洞、数据来源以及可能对个人和社会造成的潜在危害。二是解释，即作为应用算法自动化决策的机构，科技大公司及其他利益相关者有义务解释算法运行原理以及算法具体决策结果。三是留痕与可审计，即算法系统的设计、测试、运行表现及变动须留有记录，全程监测，并可审计。四是质询和申诉，即确保受到算法决策负面影响的个人或组织享有对算法进行质疑并申诉的权利。五是内部治理，科技大公司应建立清晰、有效的内部治理框架、内部控制机制和责任体系，防止算法滥用，防范算法风险，并提高算法对抗性，避免算法攻击。六是加强行业自律，通过行业自律机制，加强算法道德和算法伦理建设。

四、小　结

不可否认，算法催生了新的经济模式，带来社会整体效率提升，有其独特优势。但近年来，算法滥用、算法作恶、算法道德、算法伦理等问题却引起广泛关注。卓别林电影《摩登时代》对机器操控产业工人的讽刺，以及马克思著作《1844年经济学哲学手稿》对机器工业化时代人类“异化”的警示提醒我们，就像机器流水线凌驾于工人之上，算法亦有可能凌驾于芸芸众生之上，其中风险值得我们关注与警惕。为此，加强算法监管，以监管科技应对新型科技，既是顺应之策，又是必然之举。

第8讲

发挥标准在金融数字化转型中的支撑作用

杨富玉

全国金融标准化技术委员会秘书长

当今世界，科技革命和产业变革日新月异，以数据作为关键生产要素、数字网络作为重要载体、数字技术作为重要推动力的数字经济浪潮正在席卷全球。我国积极推进数字产业化、产业数字化，引导数字经济和实体经济深度融合，推动经济高质量发展。金融业作为现代服务业的典型代表，数字化转型任务尤为迫切，急需发挥标准的支撑作用。

一、我国金融数字化转型有坚实基础

金融数字化转型是一项从技术驾驭到业务创新、从组织变革到数字化能力建设的系统工程。在党中央、国务院领导下，我国金融系统不懈努力，数字化转型成效显著，为高质量可持续发展奠定基础。

（一）党中央对数字化标准化做出战略部署。党的十八届三中全会决定，政府要加强发展战略、规划、政策、标准等制定和实施。2015年，国务院印发深化标准化工作改革方案，要求更好地发挥标准化在推进国家治理体系和治理能力现代化中的基础性、战略性作用。2018年开始实施的新《标准化法》完善了我国标准化工作的法治化基础。党的十九届四中全会进一步强调，推进国家治理体系和治理能力现代化，要全面贯彻新发展理念，强化标准引领，推动规则、规制、管理、标准等制度型开放。国民经济和社会发展第十四个五年规划明确，加快数字化发展，建设数字中国，稳妥发展金融科技，加快金融机构数字化转型，加快建立数据资源产权、交易流通、跨境传输和安全保护等基础制度和标准规范，积极参与数据安全、数字货币、数字税等国际规则和数字技术标准制定。

（二）我国金融数字化有较强基础设施支撑。在全社会公共数字基础设施支持下，经过金融系统不断努力，我国金融基础设施整体达到国际领先水平，建成运行一批技术先进的全国性金融基础设施，其中包括非银行支付机构网络支付清算平台、人民币跨境支付系统（二期）、全国统一票据交易平台、银行间市场新一代交易平台、黄金交易系统三代、中国证券登记结算新一代中央数据交换平台、深交所第五代证券交易系统、上海期货交易所及中国金融期货交易所新一代结算系统。此外，理财、信托、基金、保险市场信息基础设施和互联网属性金融信息基础设施也在不断完善和规范，第三方电子合同、电子订单已在金融服务核心领域得到应用。目前，我国金融服务主要通过信息技术手段实现，金融业处理对象呈现出高度数字化特征。

（三）我国金融数字化顶层设计加速推进。2015年，国务院印发《推进普惠金融发展规划（2016—2020年）》，积极引导各类普惠金融服务主体借助互联网等现代信息技术手段，降低金融交易成本，延伸服务半径，拓展普惠金融服务的广度和深度。2016年，中国作为二十国集团（G20）主席国期间提出制定《G20数字普惠金融高级原则》，倡导利用数字技术推动普惠金融发展。2019年8月，中国人民银行印发《金融科技（FinTech）发展规划（2019—2021年）》。规划提出，到2021年建成我国金融科技发展的“四梁八柱”，进一步增强金融业科技应用能力，实现金融与科技深度融合，协调发展，明显增强人民群众对数字化、网络化、智能化金融产品和服务的满意度，推动我国金融科技发展居于国际领先水平，实现金融科技应用先进可控、金融服务能力稳步增强、金融风控水平明显提高、金融监管效能持续提升、金融科技支撑不断完善、金融科技产业繁荣发展。“十三五”期间，中国人民银行还组织发布了《中国金融业信息技术“十三五”发展规划》《金融业标准化体系建设发展规划（2016—2020年）》，北京等地陆续发布了地方金融科技产业发展规划，金融业已对数字化转型形成了广泛共识。

（四）我国金融数字化标准体系初步建成。“十三五”期间，我国公开发布金融相关国家标准、行业标准130项、团体标准50多项、企业标准4300多项，涉及云计算、区块链、人工智能、大数据等新技术应用，以及数据交换、安全风控等各个方面，金融数字化相关领域基本做到了有标可依。以金融标准为依据，建立客户端软件、安全芯片、安全载体、嵌入式应用软件、银行卡自动柜员机（ATM）终端、支付销售点（POS）终端、移动终端可信执行环境（TEE）、可信应用程序（TA）、条码支付受理终端（含显码设备、扫码设备）、声纹识别系统和云计算平台等11类金融科技产品认证规则，以标准助力金融科技安全与质量管理，切实提升金融科技监管和综合治理水平。在坚持国家标准是底线、行业标准是门槛的基础上，积极发挥企业标准的标杆作用，建立金融领域企业标准“领跑者”制度，2019年在网上银行服务、银行营业网点服务、清分机、销售点终端（POS）、条码支付受理终端、自助终端（ATM）六个领域遴选出107家企业标准“领跑者”，2020年进一步增加移动金融客户端应用、金融分布式账本技术应用、商业银行应用程序接口、电子保单四个领域，遴选出157家企业标准“领跑者”，营造“有产品必有标准”的氛围，有效激发金融市场主体创新活力。

（五）我国金融数字化转型取得积极成效。我国金融机构把数字化转型作为深化金融供给侧结构性改革的重要抓手，在数字思维、敏捷研发、产品创新、生态建设等方面下功夫，借助信息技术实现资源配置精准化、服务渠道一体化、业务流程自动化、风险管理智慧化，不断提升全社会金融服务获得感。以大数据、人工智能、云计算、物联网等为代表的新兴技术在金融领域加速应用，金融机构利用信息技术创新金融产品、改变经营方式、优化业务流程，使产品服务更加智能、场景结合更加紧密、数据价值更加凸显，数字化转型助力开拓普惠金融新局面，中国普惠金融服务达到世界先进水平，电子支付、数字信贷、线上保险居于全球领先地位。

二、标准支撑金融数字化转型的国际经验

随着数字化转型在金融领域发挥的作用越来越显著，国际社会高度重视金融数字化标准化工作，充分发挥标准在金融监管、金融创新、金融消费者保护等方面的作用。

（一）将标准提升到战略高度规划部署。2017年，美国国家经济委员会发布《金融科技框架》，提出努力实现技术标准的互用性与协调性。2018年，国际货币基金组织和世界银行发布《巴厘金融科技议程》，提出促进关键基础设施的标准化、互操作性和公平透明的准入规则。2018年，欧盟委员会发布《金融科技行动计划》，提出金融服务的生产和交付需要产业链条上的不同部门进行合作和交互，金融科技需要公开标准的支持才能激发最大潜力，因此国际标准组织应当加强合作，遵循公开、透明和一致性原则制定金融科技标准。2019年，美国众议院通过《金融科技保护法案H.R.56-Financial Technology Protection Act》，要求所有新技术的开发应用都应基于全球通行的标准。2020年，欧盟委员会发布《欧盟数字金融战略》，提出基于标准，数字金融能得到很好的治理，欧盟将加强监管技术标准建设，尤其是机器可读标准建设。

（二）将标准作为金融监管的辅助手段。2009年，G20推动全球场外衍生品国际治理，协调各国建设交易报告库（Trade Repository,

TR）并共享数据，以提高全球场外衍生品市场的透明度、缓解系统性风险、防止市场欺诈。为提高数据字段和格式的标准化程度、降低数据汇总的复杂性，全球金融稳定理事会（FSB）于2012年制定了全球法人识别编码（LEI）规则建议，支付和市场基础设施委员会（CPMI）联合国际证监会组织（IOSCO）于2017年、2018年就唯一交易识别编码（UTI）、唯一产品识别编码（UPI）、场外衍生品关键数据要素（CDE）分别编制了技术指南，作为衍生品市场数据标准化的依据，以构建一套涵盖金融交易主体、产品和交易的全方位数据要素体系，为全球场外衍生品市场监管和交易报告库建设提供有力的数据标准支撑。欧盟在发布了相关的指令（Directive）和规则（Regulation）后，会明确提出会制定相应的监管技术标准（RTS）和实施技术标准（ITS）来细化这些法规的实施。例如，2012—2018年，欧盟先后发布了14项RTS、7项ITS，对2012年发布的场外衍生品、中央对手方和交易报告库条例（No 648/2012）的有关交易报告要求进行补充和细化。上述20多项技术标准详细规定了交易报告库注册申请规程，市场主体报告交易数据的格式、频度，以及交易报告库收集、验证、聚合、比较、分发数据的规范等内容，并明确要求市场各方须遵循有关金融主体、交易、产品标识、交换报文等国际标准。

（三）将标准作为金融创新的重要抓手。2014年英国政府组织发表的研究报告认为，数据开放将促进银行业竞争与创新，其中标准是基础。2015年英国发布《开放银行标准框架》，规划了相关标准研制的路线图、时间表和治理体系。2016年，由英国竞争和市场管理局（CMA）发起、9家英国最大银行出资，成立开放银行实施实体（OBIE），专门从事数据、接口、安全标准开发，标准库运营，标准实施的支持、统计与监测。该举措被认为是以“英国银行业200年以来，不曾出现的金融创新速度”创新金融服务。OBIE成立以来参与机构稳步增加，2019年底参与机构204家，其中：账户服务商70家、第三方服务商134家。到2020年底，参与机构增加了44%，达到294家，其中：账户服务商由70家增加到79家、第三方服务商由134家增加到215家。

（四）将标准作为金融消费者保护工具。“零售保险投资组合产品”是欧盟零售投资市场的核心产品，通常由银行提供给消费者，用于房屋购置或子女教育投资，欧盟整体市场规模约有10万亿欧元。此类产品通常比较复杂、透明度差，产品信息存在让人看不懂、难以横向比较等问题。为此，欧盟出台监管规定、指引和技术标准，要求产品生产者或者销售者向消费者提供产品的关键信息文档（Key Information Documents，KIDs），用不超过3页A4纸的文档，说明产品概要信息和关键属性、风险和收益、费用、持有时间、如何投诉等内容。

（五）将标准作为合作交流的桥梁纽带。2016年，英国标准协会（BSI）发布《金融科技标准化路线图》，提出要根据银行、科技企业、客户的关系，在协商一致的基础上，优先制定选型与采购、新技术应用、客户识别与保护三方面的标准，让各方受益。2018年，BSI发布《支持科技公司与金融机构合作指南》，明确合作框架，规范数据收集，加强数据保护和信息安全。2020年，美国联邦存款保险公司发布《与银行开展业务：金融科技公司和第三方机构指南》，帮助金融科技公司和第三方机构了解银行运营和监管要求，降低第三方合作风险管理成本。2020年，FSB评估认为碎片化的数据标准和互联互通不足是造成当前跨境支付成本高、速度慢的重要原因之一，支付与市场基础设施委员会（CPMI）建议提高数据质量和打通直通式处理，积极推广应用ISO 17442全球法人识别编码和ISO 20022金融通用报文方案，加快协调制定全球数据交换API标准和个人识别编码标准。2020年，FSB全球法人识别编码体系监管委员会（ROC）修订章程，提出执行委员会的成员应来自强制使用UTI、UPI、CDE的国家，以确保相关编码治理决策的相关性和有效性。

三、强化标准在我国金融数字化转型中的支撑作用

近年来，金融科技迅猛发展，不断改变各国和地区的经济金融版图。金融科技在提供广泛机遇的同时，也相应增加了金融稳定、市场诚信、消费者与投资者保护等方面的风险，对金融治理体系和治理能力提出新要求，建议强化标准在金融数字化转型中的支撑作用。

（一）强化标准对新技术应用引导

为发挥标准对新技术应用的规范引导作用，近年来，中国人民银行加大金融科技标准制定，组织研制了人工智能、区块链、大数据、云计算等金融行业标准，标准的生命力在于实施，同时根据最佳实践和技术进步，不断更新完善。

一是加强金融科技标准实施。实施《金融科技发展指标体系》标准，帮助不同机构、不同行业、不同地区检视发展亮点与不足，为优化政策环境、把脉行业趋势、破解发展难题提供有力支撑。实施《金融科技创新应用测试规范》《金融科技创新安全通用规范》《金融科技创新风险监控规范》标准，助力成功打造金融科技创新监管工具。实施《云计算技术金融应用规范技术架构》《云计算技术金融应用规范安全要求》《云计算技术金融应用规范容灾》标准，引导金融机构合理规范应用云计算技术，防范因云服务缺陷引发的风险向金融领域传导。实施《金融分布式账本技术安全规范》《区块链技术金融应用评估规则》标准，落实区块链技术在金融领域应用的实现要求、评估方法、判定准则等，为区块链技术金融应用提供客观、公正、可实施的评估体系。实施《商业银行应用程序接口安全管理规范》标准，加强开放银行全生命周期安全，实现开放银行规范健康发展。

二是发挥标准对金融信息技术创新发展的支撑作用。围绕金融业信息化核心技术安全可控，维护金融基础设施安全，加大标准研制。

实施《分布式数据库技术金融应用规范技术架构》《分布式数据库技术金融应用规范安全技术要求》《分布式数据库技术金融应用规范灾难恢复要求》标准，支持金融服务高可用、数据高可靠、弹性可扩展、产品高适配、数据易迁移。实施《金融信息系统多活技术规范术语》《金融信息系统多活技术规范参考架构》《金融信息系统多活技术规范应用策略》标准，指导金融机构多活技术应用，提高金融信息系统的业务连续性能力，提升金融服务水平。

三是推进“先标准化后技术发展”的“前导型”标准建设。贯彻创新驱动发展战略，加快金融领域关键核心技术攻关，支持区块链金融科技应用方案发展，坚持目标导向、问题导向，统筹兼顾短期和长远目标，安全可控和创新发展并重，扬弃“先技术发展后标准化”的传统模式，正确把握和识别新技术金融应用的标准化需求，并不失时机地做出响应，甚至适当超前响应，助力强化企业创新主体地位，着力推动企业以创新引领发展。

（二）强化金融数据标准基础支撑

金融数字化转型的本质特征是金融数据驱动。促进金融数据的可评估、可衡量和可操作，需要制定金融数据标准，统一数据相关技术要求。金融数据标准所包含的特性、规则和指南，是金融活动的重要技术依据，在金融数据开放共享、规范使用、风险管理等方面具有基础支撑作用。

一是加强金融数据标准实施。实施金融工具统计分类及编码、保险业务代码集、企业财产保险标的分类、信托业务分类及编码等分类编码标准，银行经营管理、商业银行担保物基本信息描述、保险业车联网、征信、移动支付、银行间市场、保险、票据影像等数据元标准，以及银行数据标准定义、证券期货业数据分类分级、证券期货业投资者权益相关数据的内容和格式、保险基础数据模型等数据定义标准，规范数据特性。实施《金融数据安全　数据安全分级指南》标准，明确金融数据保护对象，促进金融数据在机构间、行业间的安全流动。实施《金融业数据能力建设指引》标准，引导金融机构加强数据战略规划、着力做好数据治理、强化数据安全保护、推动数据融合应用。

二是健全金融数据标准体系。完善金融大数据标准体系，加强金融原数据和配套系统的建设，使得原数据的每个域都可以发挥有效的作用。在原数据建设的基础上，注重金融主体和客体及其行为的描述模型和交换模型建设，为数字化描述金融业务奠定基础。注重金融数据人工智能应用及评价等标准建设，将数字化的资产转化为数字化的智慧，助力金融数字化、智能化转型。总结国内标准实践，借鉴国际标准经验，统一规范金融机构、金融工具、金融交易对手方所属经济部门、金融基础设施等基础统计要素的定义、口径、分类和编码，助力建设先进、完备的国家金融基础数据库。

三是加快金融数据安全标准和风险防控数据模型建设。依据数据重要程度和发生安全事件的影响范围，实施严格的数据分类分级管理，按照不同分类和等级实施不同程度的安全控制，推广数据安全融合技术，有效应对数据安全风险挑战，确保数据全生命周期安全。发挥数据在反洗钱、反恐融资、反逃税中的基础作用，加大基于深度学习、知识图谱等技术的数据模型和分析算法供给，建立健全金融风险防控关键技术标准体系，支持金融风险早识别、早预警、早化解。

（三）强化标准落实双循环新格局

伴随着经济全球化深入发展，标准化在便利经贸往来、支撑产业发展、促进科技进步、规范社会治理中的作用日益凸显。随着我国经济社会进入高质量发展阶段，实现以国内循环为主体，构建国内国际双循环的新发展格局，需要标准的有力支持。

一方面，坚持开放融合、互利共赢，积极参与数字领域国际标准制定。2020年9月，首个由我国专家召集制定的ISO金融服务标准《银行产品服务描述规范》正式发布，为我国专家做好移动支付、区块链、绿色金融等多项国际标准牵头编制工作，积累了经验、增强了信心。积极探索以标准“走出去”，带动服务“走出去”，融入“一带一路”和全球产业链，推动建立金融标准交流合作常态化机制，推进金融标准联通，助力金融基础设施互联互通，促进我国企业形成以技术、品牌、质量、服务为核心的国际贸易竞争新优势。

另一方面，积极推广应用国际标准。随着在全球范围内交易和运营的数字化趋势越发明显，建立准确、可靠的数字身份将变得越来越重要，全球数字化转型加速，数字网络空间中实体、产品、服务是否可信非常关键。新冠肺炎疫情给全球数字生态系统建设带来历史性机遇，数字化供应链需要建立统一的数字身份、法律和标准协议等数字基础设施。服务国内国际双循环，应积极参与全球法人信息库和数字身份识别体系建设，完善我国全球法人识别编码（LEI）应用场景，提升外资营商环境便利化水平，支持我国企业拥有LEI，助力我国企业融入全球产业链供应链，提高跨国经营能力和水平。积极推动我国交易报告库全面采用唯一交易识别编码（UTI）、唯一产品识别编码（UPI）、关键数据要素（CDE）等国际标准，遵循我国提出的《全球数据安全倡议》，推进跨境数据安全有序流动。

（四）强化标准对高质量发展支持

我国已转向高质量发展阶段，习近平总书记强调“标准决定质量，有什么样的标准就有什么样的质量，只有高标准才有高质量”。“十四五”规划明确，以推动高质量发展为主题，加快推进质量强国建设，完善国家质量基础设施，健全服务质量标准体系。

一是满足金融业法律、法规、政策的标准需求。优先布局金融科技、监管科技、法定数字货币、金融业网络安全、金融重要基础设施安全等领域的重大标准化任务，提高金融业标准的权威性和约束力，建立标准与监管法律、政策联动机制，促进政策、规则和标准联通，推进强制金融标准建设，积极将金融国家标准、行业标准纳入法律和政策体系，探索将检测认证结果作为事前准入和事中监管的参考，为现场监管和非现场监管提供依据。

二是构建适应乡村金融、绿色金融、数字金融等未来金融发展趋势的标准体系。助力增强金融服务实体经济能力，用标准手段驱动改善农村金融基础设施建设、优化农村金融机构网点服务质量、普及推广数字化常规支付活动，发挥金融标准对普惠金融提质增效作用，继续在服务小微金融、中小微企业贸易融资、供应链可追溯性、众筹融资、小额保险等领域加强标准建设。

三是加强金融消费者权益保护标准化建设。实施《个人金融信息保护技术规范》标准，强化消费者金融信息保护，制定《资产管理产品介绍要素》标准，落实金融消费者保护管理要求，推动银行机构、支付机构公开产品服务所依据标准的编号和名称，助力保障金融消费者的知情权、自主选择权、公平交易权和依法求偿权等权益。加强无障碍金融服务标准化建设，制定营业网点、网上服务无障碍环境及设施建设规范，强化汉字编码国家标准实施，整理推广行业最佳实践，为生僻字姓名的金融消费者消除数字鸿沟，助力提升数字普惠金融重点客群金融服务的可得性和满意度。

（五）完善金融标准建设体制机制

贯彻落实国家标准化法和标准化战略，充分发挥市场在资源配置中的决定性作用，更好发挥政府作用，完善金融标准化制度，提高金融标准数字化水平，确保金融标准、为民利企。

一是完善金融科技标准化服务业市场机制。引导市场主导标准加强供给，强化金融团体标准监督管理，规范金融团体标准有序发展，扩大先进适用团体标准供给。发挥行政监督检查、行业自律、社会监督等多方作用，积极探索开展企业标准良好行为评价，不断完善金融领域企业标准领跑者制度，推动金融机构提高标准化意识，增强企业创新动力，推进金融服务标准化、品牌化。

二是健全金融标准化制度。推动制定金融标准化管理办法，推进所有金融行业标准统一发布工作，推进金融标准制度型开放。完善标准实施监督、评估和激励机制，加强金融标准检测认证专业机构，以及金融机构标准检测认证专门部门岗位建设。引导金融机构和金融科技企业以国际视野把握产业发展前沿趋势，加大资源投入，发挥标准对生产服务的基础、支撑、引领作用。

三是推动金融标准工作的数字化转型。加快研制机器可读标准，利用云计算、大数据、人工智能等技术，建设金融标准信息服务平台、数字检测认证平台，提高线上化程度，探索“金融标准+开源社区”模式，促进产学研用协同联动，提升新时代金融标准化人才队伍水平，积极培养一批主导国际标准制定、领军国际标准治理的标准化人才。

第9讲

金融科技发展与实体经济和科学技术的周期协同

蒋则沈

中国银保监会创新业务监管部副主任

2016年3月，金融稳定理事会（FSB）发布了《金融科技的描述与分析框架报告》，首次将金融科技概括定义为通过技术手段推动金融创新，形成对金融市场、机构及金融服务产生重大影响的业务模式、技术应用以及流程和产品。这既体现了国际组织层面高度关注全球范围内金融与科技加速结合的显著趋势，也从客观反映出各国金融业更加重视发掘和利用新兴技术拓展创新商业模式和服务方式的趋势。

立足当下，金融业从来没有像现在这样，高度重视和依赖技术维度的创新驱动，金融科技化和技术金融化的进程都大幅加快。但同时，金融与技术的结合互动并非水到渠成、一帆风顺。一些未能有效适应金融运行内在规律的技术应用不仅没有优化金融模式，填补金融短板，反而催生放大了金融风险，形成了远高于其价值贡献的风险损失。从这个意义上讲，金融科技并非金融与科技的简单融合，而是需要在有效控制风险和成本前提下审慎寻求相对最优解决方案。

一、金融科技是金融周期、经济周期和技术周期的交织互动

金融科技既不是一种单纯的金融现象，也不是一类孤立的技术问题，甚至不能单纯视为金融与科技应用二者的简单融合。无论是金融还是技术，其最终价值实现的作用对象是实体经济。同时，金

融与技术发展的动力源泉又来自实体经济的进步。因此，金融科技萌发、演进和成熟均是由实体经济所处的发展阶段、客观需求和资源支撑决定的。

（一）技术周期对经济周期的影响

从技术周期的外部影响看，长期以来技术一直被视为生产力和经济增长的重要驱动因素。经济学理论中的柯布-道格拉斯生产函数将综合技术水平、资本和劳动力简要概括为经济产出的三项基本决定因素。技术影响较早就被视为经济运行中的直接因子。如果将视角进一步放大到经济周期维度，康德拉季耶夫周期理论明确将技术发展的规律性波动与经济周期波动直接关联。该理论提出：科学技术是生产力的根本动力。由于科学技术存在基础理论、技术原理和应用技术三个主要层次，新型技术的产生和投产必须经历上述三个重要阶段才有可能孕育成熟，转化为市场化供给。三个阶段相互衔接，难以跨越。当科学技术经历基础理论发现、技术原理开发、应用技术投产的进程速度、投产数量、商用转化接受度发生差异和波动时，其对实体经济也必然会产生波浪式影响，从而形成繁荣、衰退、复苏等周期现象。

从近现代经济发展历程看，经济增长和运行周期鲜明地体现了技术的驱动力量。以蒸汽动力为代表的新技术升级形成的新生产模式，大幅替代了人力和畜力为主的原有生产经营模式，进而推动工业化经济体系的跨跃形成。表现为劳动生产率大幅上升，纺织、冶炼、交通等新兴产业大量涌现，带动了需求端和供给端的双向革新升级，并相互作用和彼此促进，进一步催生了新的商业、流通、消费模式。同理，电力技术、化工技术、新型能源、汽车制造等领域的技术飞跃，几乎再造了产业模式、经济增长模式，乃至国际经济分工格局。最近一次大规模、基础性的技术革新以信息技术为代表。计算机、高速通信、互联网、大数据、云计算、人工智能等数字化技术带动经济模式快速步入新的周期，并呈现新技术、新模式、新应用排浪式涌现的活跃景象。统计数据显示，我国科技进步贡献率（技术进步对经济增长的贡献份额）从2001年的39%攀升至2020年的60%。美国和德国等发达国家的科技进步贡献率高达80%。

同以往相比，当今科学技术发展对经济和经济周期的冲击效应也呈现出新的特点，表现在三个方面。

一是高速性。如前所述，科技发展具有基础理论、技术原理和应用技术等三个重要阶段，从理论向应用转化的效率和成本是技术在实体经济中创造价值的直接影响因素。由于知识传播、研究协作、产研协同等机制的广泛运用，新技术进入实体经济，迅速实现商业化的路径越来越便利，成本越来越低，效率越来越高。近年来，全球范围内呈现出创新技术加速与产业对接融合态势，以云计算和大数据技术为例，自其概念的正式提出至今仅10余年的时间，相关技术已迅速应用至金融、教育、交通等多领域，商业运营模式加快成熟。

二是扩散性。由信息化、网络化、高度分工协作构建起的现代经济运行基础环境，大大降低了信息传播、技术传播的壁垒阻隔。新技术不再像以往那样存在物理隔离和信息遮蔽等扩散障碍，而是可以同时在多个领域、多个区域甚至全球范围内同步应用和持续升级革新，形成潮流式、并发式的推广态势。数字化技术具有较强的渗透能力、外溢效应和可复制特性，其应用推广不仅体现在横向的拓展，也呈现出纵向的延伸，不断向产业链的上下游扩散。如，数字技术的初始应用主要为与大众生活紧密相关的消费领域，目前已逐步向生产制造领域延伸。

三是颠覆性。由于研发投产效率的大幅提升和商业化周期的大幅缩短，新技术的发展更迭周期也被显著挤压收短。以往平缓渐进、换代间隔较长的技术周期变得更加具有跳跃性。革命性的技术升级变得更加密集和突发，常常促使产业模式、商业模式发生颠覆式转换。相关研究显示，第二次工业革命时期，科技发明到产业应用的周期为30年，至第三次工业革命，这一周期已经缩短为10年。随着数字化技术的发展，新技术研发数量几何式增长。一旦技术出现颠覆性突破，可能彻底改变个体企业竞争能力乃至整个产业格局。

（二）技术周期对金融周期的影响

技术周期与金融周期的交互影响可以从需求端和供给端两个维度进行分析。从需求端看，一方面，科技是金融服务的一个重要产业部门和投资领域。活跃的新技术研发和高新产业发展首先需要的是专业、密集、灵活、持续的资金支持，是需要大规模动员金融资本的重要领域。另一方面，金融业作为重要服务业领域，面向实体经济中的各个行业和居民，依托科技创新不断提供的技术支持，得以持续丰富改进自身的服务方式、渠道和工具，提升效率，降低成本，适应需求。

从供给端看，技术周期自身的波动性对金融业持续产生影响。技术周期本身发展演进的路径和速率并非匀速线性。全球知名IT产业分析咨询公司Gartner公司提出的技术成熟度曲线，将技术成熟应用转化的过程划分为五个阶段。

一是萌发期（Technology Trigger）：在此阶段，新技术的创意开始得到深化，并受到外部资源（如资本）的关注和支持，得以具备向应用阶段转化的条件，并在局部领域获得个案式的成功。这一时期为新技术的诞生期，通常不存在成熟可用的产品，技术的缺点和不足未能充分显现，商业可行性也未得到证明。例如：Gartner公司于2020年发布的中国信息与通信技术（ICT）成熟度曲线显示，云安全技术目前尚处于萌发期。

二是预期膨胀期（Peak of Inflated Expectations）：技术应用推广获得更大范围的尝试。不同技术路线竞争下，成功案例相对较多的技术方案获得了更广泛的认可和支持，加速了资源投入的聚集。由于新技术的认知门槛较高，验证难度较大，局部的成功案例极易被迅速“神化”，进而带来更高的商业化预期，甚至催生泡沫化投入。如近年来在金融科技领域兴起的分布式账户技术等，受到投资界和产业应用的广泛关注，数量众多的商业模式正在进行探索尝试，但距离到生产稳定期可能尚需一定时间。

三是泡沫破灭期（Trough of Disillusionment）：高密度、非理性的资源聚集，引发激烈竞争的提前到来，技术之间的竞争迅速推动“优胜劣汰”，大量泡沫化催生的方案模式被证伪，前期资源投入和商业模式成为“试错”成本，最终成为技术竞争和进步过程中的资源浪费和无谓投入。

四是回归恢复期（Slope of Enlightenment）：经过泡沫化破灭的市场机制筛选后，试验结论逐步稳定，技术的适用范围更加清晰，商业可持续性论证更加客观可行。留存下的技术路线获得了持续稳定的资源支持和商业方案选择。

五是生产稳定期（Plateau of Productivity）：新技术与商业模式、产业链开始紧密结合，转化为成熟的生产、流通、升级、再生产的稳定过程，并在一定时期内形成良性的自我优化、迭代开发和商业化应用的稳定循环。

从需求端看，当前金融业面临的实体经济环境和客户需求特征持续发生深刻变化，服务对象网络化、信息化、数据化的趋势均在技术浪潮的驱动下不断强化，并通过经济需求反作用于金融业。

一是人口网络化。新型信息技术应用普及门槛大大降低，手机等移动终端快速普及，消除物理障碍和应用成本，大量创造新的需求。在信息技术引领下，金融与科技不断融合创新，金融服务线上化发展已成市场主流。新冠肺炎疫情以来，金融客户更为接受和依赖无接触的线上、远程金融服务。消费者行为和决策逐步网络化，对线上金融产品和服务的需求更加强烈。统计数据表明，2009—2020年，我国互联网网民数量从3.84亿人高速增长到9.89亿人，年均增长率达到8%。网民渗透率由2009年的28.9%提升至2020年的70%。2020年，全国移动电话用户总数为15.94亿户，普及率由2010年的64.4部/百人增加到113.9部/百人。

二是价值数据化。与传统模式相比，信息科技时代的价值链构建以及生产附加值增值日益依赖积累沉淀数据。从某种意义上讲，这种价值的信息化、数据化模式与金融核心特性（通过信息优势解决信息不对称问题获取中介利润）存在一定程度的相似性，对金融业形成的竞争压力和倒逼作用日益明显。在金融业分工日益细化的背景下，金融机构与其他外部机构合作的产业链因为网络信息技术的介入得到深度重塑，金融机构因为“资金主导权”而享有的价值分配上游地位正在不断被弱化，而“数据主导权”正在成为价值分配权利的关键要素。以往传统金融机构解决“信息不对称”而依赖的本机构局部封闭的“小数据”，面临着跨机构、跨市场、跨行业、跨场景的“大数据”替代式升级冲击。因此，金融业需要更加重视对多维度数据的收集、处理和应用，发掘数据价值。在信息化和科技革命的背景下，拥有处理加工各种数据并形成高效高质量决策的专业能力是核心竞争力的基础。

三是业务场景化。在互联网环境下，不同服务提供商之间的分工界限变得模糊，同一入口界面和“一站式”服务模式在线上环境中成为趋势和必须。传统的利用物理隔离，形成网点封闭环境的金融渠道面临新的挑战。在互联网时代，一方面客户线上行为便利了信息数据的留存和聚集，为金融业务提供了更广阔的应用切入点。另一方面，线上场景的“无缝连接”特征大大降低了客户在不同场景和业务目标之间切换的成本。传统在单一物理网点环境内完成单一服务目标的“非场景化”模式将难以适应线上客户多目标、并发式服务需求，需要金融业持续提升介入场景、服务场景、切换场景的精准度和效率。

二、技术应用仍需尊重金融的内在特质规律

（一）金融业的风险特质

长期以来，世界各国对金融活动都坚持高度审慎的监管态度，主要原因是金融至少具有三个不可回避的重要风险因素。

一是风险的负外部性。所谓金融风险的负外部性就是当单个金融机构发生风险时，不仅影响本机构的安全，也会影响更多公众资金的安全和利益，具有较高的社会成本。同时，由于金融业务的强

关联性，单个机构的风险往往会在行业内传染蔓延，并对整个金融体系的稳健运行构成威胁，严重的金融风险还将导致全社会经济秩序的混乱。监管部门和政府部门出于金融与社会稳定的考虑，往往会动用公共资源进行救助，金融风险的救助成本由全社会承担。

二是风险和收益不对称性。以银行业为例，从负债角度看，负债来源主要依靠公众存款，具有刚性兑付的属性，银行为存款所支付的利息为日常运营的必要支出成本。从资产角度来看，银行发放贷款取得的预期收益一般较为固定。一旦单笔贷款出现不良，可能损失全部本金，并消耗其他贷款所产生的收益。因此，许多金融业务实际上是用相对高的风险博取较低的收益，风险和收益并不对等。

三是风险暴露滞后性。收益的当期性和风险的滞后性是金融的内生特征。例如，对商业银行的贷款而言，风险未暴露的时候，实际风险在贷款存续的过程中可能已经客观存在，但可能被账期掩盖或延迟。风险管理和内部控制薄弱的金融机构，可通过吸引后续资金"寅吃卯粮"，或者采用"拆东墙补西墙"的方式把风险进一步掩盖和延后，导致风险滞后性问题更加突出。

（二）金融业应用科学技术的行业特点

一是渐进性。技术对人类经济和金融的影响是个渐进的过程。技术不是平等、同时地影响经济社会的各个领域。不同行业对新技术的敏感性和适用性也是不同的。新技术发展变革过程中，一般会首先影响技术密集型行业，进而逐渐或间接影响到其他行业。金融业（特别是银行业）对技术创新的应用是渐进式的。以银行的物理渠道变革为例，20世纪60年代的通信技术和自动化技术创新，推动了银行自动柜员机（ATM）的出现和普及，形成了新的银行服务渠道。但自动柜员机并没有替代银行物理网点的主体地位，仅成了银行柜面支付业务的补充。

二是选择性。由于自身的特点和运行规律，金融业对技术周期的跟进，以及技术的应用是具有选择性的，不是所有技术，都会被金融行业所选择并产生实质性的影响。例如，金融业通常优先选择市场接受度较高的相对成熟的技术。如，20世纪70年代兴起的电视可视图文技术，可实现用户通过家用电视机远程使用银行服务，曾被认为将对传统银行网点和人工服务模式产生冲击。但由于客户信任和使用习惯等问题，该项技术的市场接受程度远低于预期，并未在金融业得到推广应用。再比如，金融业通常优先选择具有较强外部配套环境支持的技术。以二维码支付为例，自2006年到2013年，二维码在国内的实际推广使用至少经历了7年的时间。除二维码支付所需要的设备、社会需求、客户使用习惯等要素逐步成熟外，更受益于移动通信宽带、智能手机、电子支付等技术的支持。特别是智能手机和电子支付的普及，人们可以便利实现二维码生成和扫描，二维码支付才得以广泛应用于日常场景。

三是低试错容忍度。金融业较其他行业风险容忍度较低，必须减少和控制因技术“试错”产生的成本及损失。起源于英国的“监管沙盒”的制度设计本质上是低成本的容错试错机制。“监管沙盒”是在受控制的测试环境中，对金融科技创新产品进行虚拟测试，分析新商业模式和底层技术的风险，不仅可帮助市场主体全面准确了解监管规定，同时也可防止技术的无序滥用产生巨大的社会成本。我国金融领域的试点机制类似于“监管沙盒”制度，实际上也是成本可控范围内的容错试错。

三、思考与建议

金融业的发展历史是金融与科技不断融合的历史，在信息技术的推动下，金融与科技的创新互动和紧密融合呈现加速态势。技术创新有助于扩大金融服务渠道、提高经营效率，但未改变金融的基本功能和金融风险的本质特征。金融科技的发展需要适应实体经济和科学技术周期变化的客观规律。金融业应坚持包容审慎的态度，关注并加强对技术的合理化应用，避免盲目追求新技术的“跟风快上”，放松风险红线底线。金融监管者需要按照“技术中立”的监管原则，对所有的金融活动实施监管，前瞻性地把控技术对金融的影响，严格防范技术对系统性金融风险的放大效应，对重点技术应用实施必要外部约束。

一是坚持金融对新技术包容审慎的应用原则。金融业既为技术创新发展提供了资金支持和金融服务，其本身也是新技术的积极应用者和受益者。对技术的发展需要秉承包容的态度，鼓励金融机构充分发挥技术专长，利用新技术改进金融服务，扩大服务覆盖，强化风险管控，优化内部管理。同时，也要理性看待、审慎应用新技术，新技术在金融的应用并不必然带来金融创新，不能盲目把金融行业当成技术的试验场，放松风险红线底线。尤其是重要的技术应用必须预判预设可控应用场景，周密安排相应试错机制或者损失分担机制，做到风险可担、损失可控。此外，从宏观周期视角来看，金融对技术的应用不宜超出技术周期本身的演变进程，也不能大幅超前于实体经济对新技术的应用进程。

二是按照“技术中性”的原则，把所有金融业务活动纳入金融监管。按照金融本质而非金融业务的技术实现方式实施监管。当前，需要进一步清晰划分金融与非金融、金融机构和非金融机构的业务边界，严格界定金融与非金融机构在技术和业务合作中的风险承担职责，对新业务、新模式及时穿透定性，按照业务实质，纳入监管范畴之中。

三是严格防范技术对系统性金融风险的放大。金融科技的发展增强了金融对技术的依赖，同时也加强了金融业内部、金融业与第三方机构之间的关联性和依赖性，扩大了风险的传染性，一旦技术本身或者单家机构的技术系统出现故障，极易造成业务中断，短期内风险可能扩散到多个地区、多家机构，引发系统性风险。如，在单一金融科技平台上发生的重大意外亏损可能被解释为整个行业存在潜在风险，易引发羊群效应。国际组织和监管当局高度重视金融科技的系统性风险，包括人工智能算法等对系统性金融风险的放大效应；金融基础设施的系统性影响；大型科技公司的系统性风险，例如数据垄断、不正当竞争、滥用数据误导客户等。

四是对重点技术应用实施必要外部约束。更加强调技术透明度，引导技术良性发展。如，巴塞尔银行监管委员会针对人工智能算法建模技术，强调新的风险模型应该能够清晰展示模型理论构建原理、行为特征和主要假设等。又如，人工智能和机器学习算法可能会使用种族、宗教、性别等敏感特征的数据辅助进行风险定价，由此产生技术应用的伦理问题。目前一些国家正在研究如何避免和减轻技术应用的歧视和偏见，研究制定监管原则或指引，鼓励金融机构合理使用人工智能技术，促进技术的良性发展。新加坡已倡导人工智能与大数据须遵循的FEAT系列原则（公平、道德、负责任、透明），欧盟委员会也发布了人工智能使用伦理指引等。

北京大学博士后工作站陶峰对本文亦有重要贡献

下　篇

从业者说

第10讲

金融科技为证券业高质量发展注入新活力

安青松

中国证券业协会党委书记、执行副会长

近年来，金融科技的快速发展，为证券业高质量发展注入新的活力，并深刻改变了我们的工作方式、学习方式、生活方式和生产方式。数字化是科技运用的基础，证券行业是最早开发运用数字化技术的领域。随着数字化技术的转型升级，证券业的经营方式、服务业态和商业模式将发生更为深刻的变革。

一、金融科技在证券市场的应用场景广泛

美国作为金融科技（FinTech）一词的诞生地，技术与金融的融合创新不断发展，以技术优化金融业务流程、推进金融产品创新、变革金融服务模式已十分成熟。金融科技在美国证券市场应用的价值链有五个区间，分别是一级市场、交易前、交易执行、交易后、交易支持。其中，人工智能和机器学习应用于产生交易信号和处理交易，区块链应用于交易后的抵押物管理、证券租赁、现金权益清算和结算等，大数据技术应用于定价、风控、征信、评级等。

人工智能（AI）的主要应用方向包括：投资组合管理、智能投顾、风险评估、监管和合规等领域。在投资组合管理领域，AI支持的投资系统可以完全自主识别和执行交易，分析包含市场价格、交易量、宏观数据、企业财务报表等大量数据并自主做出市场预测，选择最佳交易策略。在智能投顾（Robo advisor）领域，智能投顾1.0主要是传统人工投顾服务在资产配置环节的自动化，一般拥有投资

者风险测评、投资组合购买等功能，底层资产以分资产类别的、静态配置ETF指数追踪基金为主，实现自上而下的资产配置策略。智能投顾2.0则在1.0基础上，增加了获取并分析客户及全市场产品大数据的功能，机器服务与人工服务进一步深度结合，为客户提供全面的、全生命周期的金融服务，基于客户目标及市场变化进行客户资产组合的动态优化、个性化定制。

区块链的应用场景在不断拓展。区块链技术凭借去中心化、不可篡改和加密安全性等特点，在数字货币、资金清算、金融资产交易、证券发行、智能合约等领域体现出巨大应用潜力。在数字货币方面，如金融机构间结算币JP Morgan Coin、稳定加密货币USD Coin以及Facebook的Libra，应用于即时结算客户间的支付交易，降低交易对手风险和结算风险。在交易清算结算方面，区块链以其分布式记账的特点，被应用于减少中介环节、简化结算流程。如R3公司引入联盟链、共识机制增强信用，其区块链平台Corda舍弃了全网广播模式，仅要求每一笔交易的参与方对交易进行验证和记录，提高了交易的吞吐能力。如纳斯达克交易所与区块链技术公司Chain合作开发区块链股权交易系统Linq，将股权交易市场标准结算时间从3天降至10分钟，结算风险降低99%，大幅降低了资金成本和系统性风险。据奥纬咨询公司（Oliver Wyman）估计，全球金融业每年清算结算的总成本在650亿～800亿美元。

大数据的应用主要集中在风控、定价、营销、监管等方面。如美国信用评分公司ZestFinance以大数据技术为基础，采集了社交网络信息、用户登记信息，甚至用户的写作习惯、阅读习惯等非传统数据信息，用以考察借款人借款行为背后的线索及线索间的关联性，最终给出消费者信用评分。如美国金融业监管局（FINRA）利用大数据技术对美国100%的股票交易实时数据、90%的债券数据、70%的商品交易数据进行电子化分析处理，达到监督会员、防范风险的目的。

中美两国金融科技发展呈现三个方面的不同特征。一是创新主体不同。美国金融科技创新的主体是初创企业。据统计全球30家估值10亿美元以上的金融科技初创公司，美国有19家，尽管公司规模相对较小，但数量众多、创新能力强。我国在经历了互联网金融整顿之后，P2P网贷等逐渐退出历史舞台，一方面，不断遭遇严格监管和治理的大型互联网平台企业，在新形势下更加规范地参与和推动金融科技创新，另一方面广大持牌金融机构则成为重要创新力量。二是分布领域不同。美国金融科技的领域分布比较广，对企业和客户的服务也相对较为均衡，其背后有监管模式、数据隐私保护、金融消费者文化等多方面影响因素。我国传统金融服务本身供给不足，金融科技主要在支付、消费信贷等传统金融机构服务不足的领域抢占先机。三是核心优势不同。美国金融科技发展的优势表现为在大数据、云计算、区块链和人工智能等核心技术上的领先优势，以及依托技术创新带来的业务模式及产品创新。我国金融科技的优势则是依托互联网公司的导流和场景化应用以及具有巨大增长潜力的市场需求，使金融产品和服务得以规模化发展，市场范围不断拓展。

二、金融科技深刻改变证券行业发展生态

金融科技创新深刻改变着证券行业的发展生态。国际一流投行通过科技应用实现了业务运营和业务模式的转型和创新，为客户提供量身打造解决方案，真正实现以客户为中心，提升客户体验。主要表现在以下三方面：一是通过科技为业务赋能，实现内部工作流程自动化，提高运营效率。以高盛为例，在交易业务流程中，其纽约总部在200名电脑工程师的协助下搭建交易算法，使其大部分交易由算法自动完成，“一名计算机工程师取代了4名交易员”。在投行业务流程中，75名数据科学家开发的“Deal Link”平台，将IPO业务分解为127个步骤，把包括法律合规审查、填表、生成报告等在内的50%以上业务流程自动化。并购业务中利用机器学习分析SEC的监管文件、帮助理解客户与股东之间的复杂关系；利用Reorg Research平台实现尽职调查智能化。二是通过科技实现业务模式创新，提升客户体验。如高盛通过多个金融科技应用平台创新业务模式，实现了从产品业务模式向平台业务模式的转型：Marquee平台提供市场价格信息、投资研究、交易监测服务；Symphony数据与通信平台为客户提供基于云计算的加密即时通信，帮助机构客户进行安全沟通、定价和报价；Zephyr平台进行实时债务资本架构分析，提升与客户互

动解决复杂问题的效率。三是通过科技运用改变组织架构、人才结构，降低运营成本，重复性、标准化、程序化的岗位数量大幅减少。在华尔街，机器正在取代大量高薪人士的工作：高盛股票交易员从2000年的600名减少至2名，2019年前9个月员工的平均收入为24.6万美元，不到2009年同期52.7万美元的一半；花旗宣布在5年内用人工智能代替近1万名投行部门员工，占投行员工总数的50%。从对员工技能要求的角度来看，擅长沟通、逻辑与创造的专业服务人才，以及人工智能技术人才受到投行的欢迎。如高盛机构客户证券部门的量化团队在十年前招聘的仅仅是擅长风险建模与定价的分析师，现在则更为关注擅长机器学习等人工智能技术人才。

我国证券市场从起步开始，就运用互联网技术的高起点，实现电子化自动撮合交易、实时数据远程传输和无纸化中央登记结算等全域数字化发展。以数字化为基础，证券科技大致经历了3个阶段的运用场景提升，第一个阶段是1993—2000年的“互联网+证券登记结算”，应用场景为提升证券交易效率，实现证券网上登记、交易、结算；第二个阶段是2000—2014年的“移动互联+证券交易”，应用场景在改变交易模式，广泛使用移动互联网交易平台；第三个阶段是2014年至今的“金融科技+智慧券商”，应用场景为改善服务生态，以大数据、人工智能、云计算、区块链重构券商经营模式、机制与管理。特别是2017年以来，证券业探索利用大数据、云计算、人工智能等技术，在业务领域和组织管理方面推进数字化转型取得积极成效。2017年至2019年证券业在金融科技及信息技术方面的投入不断加大，信息技术投入由159.86亿元上升到205.1亿元，占营业收入的比重，也由4.9%上升到8.07%。随着科技的发展，证券行业数字化转型升级，呈现出三方面的新特征。

一是数字化转型成为公司发展战略的重要组成部分。数字化转型是技术与业务运营的深度融合，是利用数字化技术推动企业商业模式、组织架构、观念文化等进行系列变革的过程。根据中国证券业协会2020年的调查显示，92%的证券公司在当年启动了数字化转型，并制定数字化发展战略。95%的证券公司在2020年增加了数字化转型方面的投入，其中有16%的证券公司投入增幅在100%以上。此外，为适应数字化转型的需要，证券公司通过组织架构调整配套数字化转型成为趋势。部分公司成立专门的数字转型负责部门或金融科技子公司，承担金融科技的自主研发建设任务，统筹公司数字化业务需求和优化运营流程。

二是数字化转型重点领域正从经纪业务逐步向全业务领域扩展。目前，大部分证券公司除了针对零售业务客户开展以客户为中心、线上线下全生命周期数字化管理与服务流程数字化再造、场景化精准营销等为代表的数字化财富管理能力建设外，机构业务、资管、投行、风控等业务均已出现数字化转型的落地场景。机构业务方面，部分公司正在探索重塑跨投研、托管外包、交易、销售、风控一体化的机构数字化综合金融服务能力，构建新的机构业务生态；投行业务方面，通过承揽承做阶段的智能化合规管理，协同、定价、销售、风控一体化的智慧大投行能力建设，在完成全流程业务线上化、数字化的基础上，向智慧投行方向发展；资管方面，AI智能化订单管理、智能盯盘、智能风控、极速交易的专业化智能交易能力建设，正驱动资管业务从原有的传统型资管向数字化资管转型。根据中国证券业协会的调查统计，截至2020年，在经纪业务、中后台、投资银行、资产管理、自营业务、研究业务等方面实施数字化转型的证券公司，占比约为89%、64%、43%、30%、29%和26%。

三是中台服务能力成为数字化转型的重点领域。证券公司中台不仅仅是一个技术系统，也是公司共享能力汇集点，是将总部各业务条线以业务牌照分类输出，通过中台进行流程再造和资源、流量汇集，改为以客户为中心的最终输出，可以降低资源的重复投入，为高效支持业务变革提供技术基础。中台共享能力的建设为前台业务经营模式和业务流程的再造提供落脚点，大数据、人工智能、云服务为证券公司提供了更加便捷的建设路径、更加有效的系统实现模式，极大地提升了生产力。

三、证券行业数字化转型升级方兴未艾

科技创新推动数字化转型升级的价值有目共睹。权威机构调查显示，善用大数据与分析的企业，在开发客户和市场洞察方面比一

般企业优秀3倍；在根据分析结果实现流程和决策自动化方面比一般企业至少高出2倍，数字化转型升级已经为证券行业带来了一场“范式性革命”。从国际经验看，证券行业运用金融科技，实施数字化转型，不但拓宽了业务边界，改变了业务开展、风险控制、合规监管的方式，同时催生了智能投顾、智能投研、金融云等新型服务或产品，有效提升了用户的服务体验，大大降低了运营成本，提高了市场整体的运行效率。以摩根大通为例，在实施数字化战略并加大线上产品投入力度之后，客户净推荐指数增加19%，客户保留率增加10%，客户刷卡消费增加118%，存款和投资份额增加40%。

从国内情况看，经过几年的发展，证券行业数字化转型升级，已取得初步成效。

一是提升了核心竞争力。证券公司数字化、智能化变革的核心，是以数据和流程为核心的精细化运营。与数据相对应的，是公司需要进行的一系列中后台的改造，实现智能化数据解析结果的共享和面向各业务部门的数据整合，为各业务条线的协同与联接提供基础，进而全面提升公司核心竞争力。统计表明，近年来，证券公司信息技术投入与公司营业收入、利润增长高度正相关，行业信息技术排名靠前的公司均在行业排名中处于前列，增加技术投入有效提升了公司核心竞争力。

二是改善了客户体验。数字化转型强化了“以客户为中心”的服务理念，可以有效解决客户日益增长的个性化需求与证券行业人力局限的核心矛盾。数字化转型可以让客户借助金融产品获得更加便捷的金融服务，例如提供一站式的服务平台，保障用户能够实时在线得到全方位、全场景的服务。

三是重塑了行业竞争格局。目前，部分证券公司通过构建覆盖财富管理、投资银行、机构与交易、投资管理等业务板块的一体化架构平台，积极实践金融科技与数字化转型，打造一流的数字化证券公司。也有公司着力发展在线数字化服务等业务，对互联网证券公司模式进行探索。数字化转型不但促进了综合实力强的证券公司进一步强化竞争优势，也为中小证券公司提供了差异化发展、“弯道超车”的可能。

四是改变了行业发展生态。数字化转型促进了证券行业与科技公司的合作。国内已有多家证券公司与阿里、腾讯等科技公司开展合作，借助其技术实力共同拓宽证券业务服务场景，提升自身服务的质量与效能。同时，行业监管部门也正加快监管的数字化转型步伐，强调鼓励和规范、引导创新，从政策战略、法律规范以及数字化建设等多个层次进行顶层设计。

五是提高了应急处置能力。证券行业的应急处置能力在新冠肺炎疫情期间经受住了考验。得益于金融科技的应用和数字化转型，疫情期间，证券公司采取非现场办公、推出智能化投资咨询服务业务等方式，在维护系统安全和保障员工健康的同时，保障了证券市场和证券业务的正常运营，切实保护了广大投资者的利益。协会调研显示，以2019年12月数据为样本参考，2020年2—3月期间，证券公司非现场业务办理量增长了20%，APP使用率平均提升27.9%，在线投顾付费签约客户数增长145.5%。

在数字化浪潮方兴未艾的新形势下，推动证券业数字化转型升级，实现动力变革、效率变革、质量变革，是推动我国证券行业高质量发展的有效途径。尽管证券行业在数字化转型中已取得初步成效，但与我国银行业或境外领先机构相比，在数字技术应用领域仍存在较大差距，究其原因，一是证券行业整体实力较弱，创新力量相对集中在交易所和大券商。二是对证券科技的重要性认识不够，人力、资金投入不足。根据艾瑞咨询的数据显示，2019年中国金融机构信息技术总投入金额达1770.9亿元，银行业信息技术投入金额达1214.8亿元，占比68.6%，证券业信息技术投入金额达205.01亿元，占比11.58%，相比银行业差距不小。在技术人才方面，2019年底，证券行业信息技术人才占行业注册人员数量的3.75%，远低于国际一流投行的水平。三是试错成本高。证券公司在强监管之下开展业务运行和信息系统建设，面对新技术，往往只能在测试环境试错。四是证券科技的运用和创新主要集中在传统业务转型，缺少针对金融产品、金融交易技术的创新。

四、金融科技对行业文化带来新的挑战及应对

以大数据、云计算、人工智能及区块链等技术为代表的金融科

技具有降低信息不对称、易于甄别风险主体等弱化传统道德风险的效果。但是由于金融科技自身属性，其在金融市场运用的过程中也可能产生新型道德风险。一是金融科技技术端可能发生新型道德风险。鉴于金融科技本身的技术性和专业性，如果金融技术人员试图在金融科技工具中设置漏洞，非专业人士将难以察觉。金融科技技术人员对技术的高度控制可能在两个方面产生道德风险，一方面是设置不公平算法，第二个方面是侵犯客户隐私，未经许可收集数据。二是金融科技业务应用端可能发生新型道德风险。如在智能投顾领域，网络的虚拟性、不同算法产生投资组合的复杂性，形成了新的信息不对称。由于信息披露不到位，智能投顾运营者可能会利用这些信息差异从事违反受信义务的活动。智能投顾在交易领域，金融科技的广泛应用，将对传统金融交易标的、定价、流程和对价等产生巨大冲击，披着金融科技应用外衣下的新型交易方式存在巨大道德风险。此外，随着金融科技的广泛运用，机器完成交易的比重在上升，基于上市公司基本面的交易在减少，助长经济活动脱实向虚；ETF快速发展，占美日等国证券交易量接近一半，形成同向运动和“羊群效应”，减少了差别化、多样化，对市场流动性带来挑战；智能投顾注重短期高频，忽视中长期，影响系统稳定性，这些潜在系统性风险将诱发“黑天鹅”事件。

高盛、摩根士丹利等国际一流投行高度重视金融科技发展对公司文化建设、员工道德规范的冲击，经过多年的摸索，形成了比较成熟的经验。

在完善规则体系方面，国际一流投行十分重视建立完善的道德风险防范规则体系，如制定《道德守则》(各公司道德规则名称不同，仅以此名称为例，以下简称《守则》)，明确董事会成员、高级管理人员和全体员工在履职时应遵循的具体行为标准。各公司《守则》具体内容不尽相同，但是普遍涵盖了以下六个方面：一是利益冲突。明确规定了在公司与客户之间、客户与客户之间、公司与员工之间等关系中潜在的利益冲突的解决方案和具体措施。二是反腐败。明确规定了禁止一切形式的贿赂和腐败。要求员工在与外部商业伙伴和政府官员交往中，如涉及礼物、招待时，必须履行严格的程序。三是机密信息。明确员工对在业务过程中接触到的合作公司、客户、潜在客户、监管机构的未披露信息负保密责任，即使离职仍需履行保密义务。四是信息披露。要求所有涉及向监管机关、公众提供信息的人员，必须保证信息的准确、公正、完整、及时、可理解。五是公司资产。明确员工有义务合理使用与保护公司及合作方的有形和无形资产(包括现金、证券、业务计划、客户和员工信息、知识产权等)。六是政治活动。要求员工保证个人合法参与政治活动。各公司要求员工在遵守《守则》的基础上，必须同时遵守所有适用的法律、法规和规章，包括内幕交易、财务报告、利益冲突、反洗钱、反欺诈、反贿赂和反腐败有关的法律、法规，以及公司相关业务规则、合规办法、员工手册、保密办法等相关规定。

在公司文化建设方面，国际一流投行十分重视公司文化建设，形成明确核心价值观要求员工遵守。各公司的文化各具特色，但都视客户为公司生存之本，将客户利益置于首位。例如，摩根士丹利的公司文化体现为4个核心价值观：客户为先、为所应为、卓尔不群、回馈社会。高盛的公司文化体现为14条“高盛经营原则”：客户利益永远至上，最重要的三大财富是员工、资本与声誉，违反保密原则及不当利用机密信息是不可原谅的，公正诚信是立业立身之本等。打造核心价值观是公司文化建设的重要环节，统一的价值观使公司员工在判断自己行为时具有统一的标准。在具体业务中，当遇到法律法规及公司制度无明确规定的情况时，公司文化成为员工判别正误、决定自己行为、防范道德风险的重要准绳。

在健全组织体系方面，形成两个方面的最佳实践，一是健全员工教育培养体系。从员工招聘环节开始，即注重严把道德关；谨慎考察每一名候选人，不仅关注其技能、业绩和潜力，更看重其处事原则和价值观，以及以往诚信和道德记录；通过开展入职培训、后续职业培训以及个人承诺等方式，要求员工必须确认知晓并承诺遵守《守则》，以及所有适用的法律法规和公司制度；在人才培养相关规则中，明确将员工的诚信、道德情况作为重要考察指标。在薪酬制度中偏重长期激励方式，避免员工短期化行为。对违反职业道德的员工，根据《守则》及相关规定从严处罚。二是健全道德风险监督管理体系，形成了行之有效的“责任到人”机制。首先，注重明确员工责任，要求员工开展业务时遵循“三层决策法”：第一层是“对照规则”。要求员工严格对照《守则》、适用法律法规和公司相关业务规则进行业务决策，确保决策符合各项规则要求。第二层是“对照文化”。随着金融科技的高速发展，公司与员工在快节奏、复杂的创新环境中，随时面临各种崭新的独特情况，《守则》及其他规则无法预测性地涵盖可能遇到的全部问题。员工在无法基于规则做出业务决策时，应对照公司文化，根据公司文化的价值观及“与公司文化一致”的原则做出决策。第三层是“报告求助”。如员工“对照规则”“对照文化”仍难以做出业务决策，或发现存在道德风险问题时，应立即向直接主管或合规法务人员报告求助。员工如未及时报告，则可能会承担隐瞒道德风险的责任，甚至负监管和刑事责任。其次，注重明确主管责任。公司各级主管除负责业务工作外，还负有监督所管理人员的业务活动和行为的责任，以确保管理人员遵守适用的法律法规和公司制度，并在出现问题时及时采取适当的措施。未及时采取适当措施的监督者会因失职而承担责任，甚至负有刑事责任。最后，是明确其他相关人员责任。各公司规定了道德风险监督管理体系中其他相关人员的责任，主要涉及风控、合规、法务人员，以及与道德风险问题直接相关的委员会、办公室等工作人员。如摩根士丹利，在业务部门设置了冲突管理官，成立了全球冲突办公室，负责处理利益冲突问题；成立了反腐败小组，负责处理腐败问题等。健全道德风险监督管理体系，实现了对道德风险的标准化、流程化管理，让员工易于理解执行，公司易于监督管理，使道德规范和公司文化在员工履职过程中切实得以落实。

在应对金融科技对公司文化形成和员工道德规范的冲击上，行业组织可以发挥更多传导正能量的作用。FINRA作为美国证券行业权威自律组织，制定了《商业荣誉标准和交易原则》(Rule2010号，下文简称《原则》)，作为会员公司和从业人员道德、职业行为管理的总规则。《原则》全文仅有由22个英文单词组成的一句话，翻译过来即“会员在开展业务时应遵守高标准的商业荣誉以及公正和公平的交易原则”。FINRA通过建立强大的道德与执业行为自律规则体系、开展严格的文化道德与执业行为检查调查、对违反职业道德行为采取严厉的处罚措施，推动行业形成良好的公司文化、行业文化，有效防控行业道德风险，推动行业良性发展。

2021年2月，中国证券业协会针对金融科技面临的行业新型道德风险，特别是行业滋生的过度激励、短期激励倾向，工匠精神、专业精神缺失，投资者保护意识、职业道德意识淡化以及脱实向虚趋势等问题，借鉴国际成熟实践，广泛凝聚行业共识，发布推广《文化建设十要素》，从行为、组织、观念三个层次，提出证券行业文化建设的十个关键要素，即平衡各方利益、建立长效激励、加强声誉约束、落实责任担当、融合发展战略、强化文化认同、激发组织活力、秉承守正创新、崇尚专业精神、坚持可持续发展。倡导证券共识围绕十个关键要素向心发力、深耕细作、久久为功，守正笃实推进行业文化建设，持续积淀和涵养行业生态，把文化建设与公司治理、发展战略、发展方式和行为规范深度融合，与人的全面发展、历史文化传承、党建文化要求和专业能力建设有机结合，促进形成健康的价值观、发展观、风险观，为资本市场长期稳定健康发展提供价值引领、精神支撑和制度基础。

第11讲

金融科技重构商业银行发展模式

高峰
中国银行业协会首席信息官

面对新冠疫情的冲击，为客户提供线上化、智能化、个性化的便捷服务，确保金融服务不中断，金融科技的应用得到了更加广泛的重视，银行业数字化转型呈现加速趋势，金融与科技的融合程度不断加深。银行业数字化转型之路充满挑战，既不能完全依赖人工智能、大数据、云计算、区块链等新技术，也不能轻视甚至排斥金融科技在数据驱动转型中的重要作用。疫情防控常态化和金融强监管环境，需要我们重新认知金融科技的本质，探究其国内外发展路径，发现其与传统银行文化基因的差异。金融科技不能代替互联网金融，也不能与传统信息科技等同。思考金融科技如何重构商业银行发展模式，需要我们更加理性地认识金融科技对传统银行业的影响。

一、后疫情时代对金融科技的重新认知

后疫情时代，我们需要重新认知金融科技的本质。在抗击疫情中金融科技价值已经凸显。随着新基建上升到国家战略层面，人工智能、大数据、区块链、云计算以及5G和物联网深度融合，推动金融科技发展进入新阶段，银行的商业模式或被重塑，数字化转型加速，金融科技成为主要推动力。在此，有必要以国际化视野深刻认识金融科技的起源，结合国内金融科技发展路径，深度剖析金融科技的本质以及如何合规地应用金融科技。

（一）金融科技的国际起源

金融科技译自英文FinTech，但FinTech的概念起源很难严格考证，有文献指出FinTech来自20世纪90年代花旗银行的一个内部项目名称。FinTech源于finance+technology的缩写，维基百科对其定义为：指一群企业运用科技手段使得金融服务变得更有效率，因而形成的一种经济产业。这些金融科技公司通常在新创立时的目标就是想要瓦解眼前那些不够科技化的大型金融企业和体系。

2008年国际金融危机后，西方金融监管思路发生了转变，其中重点方向之一就是鼓励银行运用金融科技创新，推动银行业转型发展。英国金融行为管理局（FCA）设立了创新中心（Innovation Hub），推动金融科技和数字银行发展，倒逼其国内的传统银行提高经营效率，为银行业带来新的活力。我国从早期的"互联网金融"到后来的"金融科技"，"金融+科技"的发展已经走过了近十年时间。我国对金融科技的定义与国际惯例基本一致。根据金融稳定理事会（FSB）2017年发布的《金融科技对金融稳定的影响》，金融科技是指技术带来的金融创新，能够产生新的商业模式、应用、流程或产品，从而对金融服务的提供方式产生重大影响。中国人民银行2019年印发的《金融科技（FinTech）发展规划（2019—2021年）》中提出，"金融科技是技术驱动的金融创新，旨在运用现代科技成果改造或创新金融产品、经营模式、业务流程等，推动金融发展提质增效。”规划强调，金融科技以技术驱动为手段，以提高金融质效为目标。

金融科技创新大多数诞生于金融体系之外。美国的金融科技发展与监管并进，在金融科技创新初期就开始纳入监管，即实施功能性监管。与美国相比，我国金融科技的诞生背景、发展模式以及监管环境都存在差异，存在先发展后规范的现象，容易出现监管套利。

（二）我国金融科技的发展路径

我国的金融科技发展是科技公司、金融机构和监管部门三方合作与博弈的结果，这三方在将来的互动中，各自采取什么策略，最终形成什么定位，将决定我国金融科技未来发展的路径，影响其发展的速度和行业的生态格局。从科技推动金融变革的角度看，我国金融科技发展可分为金融电算化、互联网金融、金融与科技深度融合三个阶段，每个阶段特点鲜明。三阶段的发展使信息科技与金融业务融合，提升了已有金融业务质效，推出了新型的服务模式，冲击了原有的行业生态，也对监管提出了新的挑战。

1.金融科技1.0阶段：金融电算化

20世纪80年代，金融行业通过传统IT的软、硬件来实现办公和业务的电子化、自动化和无纸化，将金融服务与电子信息技术初步融合，从而提高业务效率、降低运营成本。这个阶段完成了银行业的电算化，为中国金融系统搭建了现代支付体系的基础设施。其标志性的事件是：1993年启动的金卡工程和1999年开始的数据大集中。这一阶段的创新过程是自上而下型，由监管部门主导和规划，银行金融机构按照要求具体实施。

2. 金融科技2.0阶段：互联网金融

2000—2010年全球信息爆炸、互联网红利快速上升，金融机构利用互联网技术使金融服务从线下转移到线上，极大丰富了服务渠道。在这个阶段，出现的信息科技公司，利用互联网或者移动互联网汇集海量的用户和信息，实现金融业务中的端到端的互联互通，本质上是对传统金融渠道的变革。这个阶段的特点是金融业务互联网化。其标志性的事件是：2004年支付宝上线，开创了互联网支付的先河，并催生了后来的移动支付；2007年中国第一家P2P互联网贷款公司拍拍贷上线；2013年互联网货币基金产品余额宝问世等。这一阶段的创新过程是自下而上型，由科技公司自发兴起，传统银行金融机构被动响应，监管部门后续跟进。

3. 金融科技3.0阶段：金融与科技深度融合

2011年以来，随着人工智能、大数据、云计算、区块链等技术普及应用，深刻改变金融服务方式和逻辑，向传统金融机构和监管发起挑战。这个阶段的主要特点是前沿技术先后快速向金融业务渗透，大幅提升传统金融的效率，降低传统金融服务的成本。其标志性的事件是：2015年8家民营个人征信公司试点；2017年网络小微贷款异军突起等。这一阶段的创新过程是上下融合型，即监管部门、银行金融机构、科技公司平衡创新与风险，兼顾各方发展，相互适应、相互促进的过程。

通过剖析我国金融科技的发展路径，需要明确以下两点。

一是金融科技不同于互联网金融。金融科技是一门技术，而互联网金融是一种渠道形式。虽然两者都以提高效率、降低成本为目的。前者以创新技术为驱动力，从金融本身出发，会给金融带来本质性的改变。而后者是金融与互联网的连接，重在发挥渠道优势、优化产品体验，并不会对金融的本质产生影响。2013年至今，互联网金融与金融科技经历了一轮又一轮激荡起伏。如果说互联网金融是金融科技的上半场，那么当下已经进入金融科技的下半场。在上半场，互联网公司占据优势，形成了银行业与互联网公司竞争的局面；下半场，实施严监管，银行强势回归，银行业与互联网企业走向竞合。

二是理性认识金融科技对金融创新与监管产生的深远影响。正如银保监会郭树清主席在2020年金融街论坛年会上指出的：充分发挥科技进步对提升金融效率的巨大作用。继续支持金融科技的发展，优化客户服务体验，提升服务效率，密切关注和评估科技革命对金融业的影响趋势并做好前瞻性的部署安排。在监管方面也要加大科技应用，提升监管效能。必须高度重视网络安全、数据隐私、寡头垄断等风险，确保市场公平和金融稳定。

二、金融科技在银行业应用中存在的问题

金融科技成为我国银行业数字化转型的重要推手，但在现有的组织架构和发展模式下，金融科技应用还缺乏内在的动力。尽管一些银行将金融科技战略上升到前所未有的高度，但其发展路径仍停留在传统银行的架构和逻辑之下。目前在银行业应用中，存在金融科技战略与业务转型相分离、金融科技应用成熟度不一致、IT架构难以满足场景金融需要、传统银行体制机制束缚金融科技应用、复合型金融科技人才短缺、创新文化与试错容忍度存在差异等六个方面的问题。

1. 金融科技战略与业务转型相分离

金融科技应用和发展关键在于服从业务结构调整。金融科技的应用价值主要体现在降低运营成本，通过创新的风控技术和风控模式，提升金融服务的智能化水平及用户体验。传统银行业务架构下，银行缺乏应用金融科技的内生动力。随着移动互联网的普及应用，银行客户行为的线上化已经成为习惯，它对银行服务的方式和方法产生了革命性的影响。银行业数字化转型要求金融科技战略突破传统的经营体系和经营行为逻辑，接纳长尾客户和流量、平台、生态观念。

2. 金融科技应用成熟度不一致

并非所有的金融科技都已经成熟，相对而言，人工智能和大数

据技术应用场景相对较多。2017年8月，高德纳（Gartner Group）发布了新技术成熟度曲线报告，强调了人工智能在未来十年内将成为最具颠覆性的技术。现阶段，神经网络芯片、深度学习算法、大数据及云计算是人工智能迅速发展的四个催化剂。人工智能不同领域的成熟度也存在较大的差异，其中语音识别、图像识别、人脸识别技术已经成熟，识别准确率已超过人类。同时，动态识别及认知计算仍有较大的发展空间。大数据和人工智能技术还只是对传统银行风控手段的补充，如开户环节信息核验、黑白名单匹配等，通过简单规则的判定，辅助银行进行风险决策。以大数据技术为基础的风控模型走向成熟，还需要长时间的考验，模型的有效性需要经过周期的验证。

3.IT结构难以满足场景金融需要

集中化的银行核心系统建设是我国银行业系统建设的主流理念，它的优势体现在主机安全、稳定、可靠并满足银行业务连续性要求，劣势表现在支持性较差、灵活性不足、成本高昂。同时，基于传统IT系统产生的数据，存在数据颗粒不够细、覆盖面不广等问题，难以满足大数据分析、智能化运营的需要。随着互联网经济的不断增长，传统理念的IT系统架构难以满足高并发需求。

4.传统银行体制机制束缚金融科技应用

我国银行业最突出的特征仍然是部门银行，条线和总分支架构的银行体系，导致业务部门之间的合作效率低下。金融科技系统性的创新，要求业务与技术、前中后台紧密协作，传统的自上而下、流程驱动、层级分明的工作机制，不利于激发各环节的创新能力。金融科技创新与应用更具有挑战性、颠覆性和企业级特征，需要调动一切力量整合全部智慧。传统银行体制与金融科技应用存在一定的不适应性。

5.复合型金融科技人才严重匮乏

2020年9月，首份由中国银行业协会、国家金融与发展实验室、金融科技50人论坛等联合发布的《中国金融科技人才培养与发展研究报告》显示：金融科技人才短缺问题仍然突出。通过对2000余份调查问卷的统计发现，大部分机构对金融科技人才培养与发展问题的重视程度较高，但是金融科技技术相关人员占比普遍较低；金融科技相关培训费用支出较少，金融科技专项资金投入不足；机构招聘及培养金融科技人员过程中存在诸多难点，如人才实践应用能力不足、专业师资队伍组建困难等问题。通过对数据的进一步分析发现，互联网银行多项指标优于其他类型银行，金融科技人才较为密集，对金融科技人才的重视程度也较高，已经将金融科技人才培养列入董事会工作目标，并建立了金融科技人才目录。

6.创新文化与试错容忍度存在差异

我国银行业现有的市场格局是在长期历史发展中形成的。传统银行与金融科技公司的业务发展逻辑不同，银行更加重视稳健经营、合规发展，银行领域的创新是在风险可控的前提下探索成熟技术的应用。而金融科技公司的互联网基因决定了其敏捷开放、机制灵活、富有团队创新精神等特点。在对待失败和错误的态度和容忍度上，银行文化坚守稳健经营，有严格的追责制度。而金融科技公司在提出创新目标时，也给相关人员试错的机会，这样员工创新的积极性更高、部门协作成本较低、组织活力更强。

显而易见，如果将金融科技赋能简单理解成只是作为信息技术、业务产品和服务渠道的创新手段，那就是对金融科技应用的误解。如果忽视金融科技给银行业的战略布局、业务逻辑、运行方式、风控模式、盈利模式、组织体系和企业文化带来的全方位改变，银行业就可能错过自身新一轮转型和变革的良机。

三、金融科技推动传统银行变革

在新一轮科技革命和产业变革的背景下，以人工智能、区块链、云计算、大数据、物联网和5G等为代表的前沿信息技术与金融业务深度融合，为金融业发展与创新注入新的活力，使金融机构的产品与服务、业务流程和经营模式等发生了深刻的变化，从而不断提升服务能力和质效。各家银行从金融科技战略布局、组织架构调整、科技实力、人才体系等方面推进全方位、深层次的变革。当然，科技要推动金融业务跑得快，创新机制建设和内部组织文化也要对标金融科技公司。

1. 金融科技战略布局

战略决定成败。金融科技战略，需要高层从上至下强力推动，全员加入金融科技革命。近年来，银行对金融科技的战略制定更加清晰明确，金融科技战略由落子布局到精耕细作，由支撑发展走向主动赋能。工行智慧银行生态系统ECOS、建行新一代科技创新与应用、招行零售3.0的转变、平安智能化银行战略等都注重强化金融科技顶层设计，站在全局高度推进数字化转型，并从自身特色出发构建了差异化的金融科技战略。

2. 组织架构调整

多年来，传统组织架构制约银行业创新活力。只有通过数字化推动机制创新，建立业务与科技融合的敏捷组织架构，才能激发员工以及整个银行的活力，从而适应金融科技快速迭代、即时响应的需求。2019年，工行实施科技组织架构和研发模式改革优化，构建了“一部、三中心、一公司、一研究院”的金融科技新格局，进一步提升了金融科技的战略规划、技术研究、资源统筹、人才聚集能力。招行也在2019年12月设立“一部六中心”，在总行层面首设金融科技办公室，改变以往分支行分散经营的做法，打造零售经营数据化支撑平台，确保让技术、业务、产品可以最大化地衔接。

3. IT与业务融合

数字化业务的爆发式增长，对银行IT架构提出了新要求。近几年，工行大力推进IT架构转型，打造了“主机+开放平台”的双核心IT架构。目前，工行超过90%的应用从主机迁移到开放平台部署，提升了系统架构的灵活性与开放性，实现了大型银行IT架构的历史性突破。建行从2013年开始实施“新一代核心系统建设工程”，为建行带来了众多明显的改变。2019年，招行新一代PaaS（平台即服务）平台扩大运用，招行全行应用上云比例达到44%。

4.加大科技人才培养

加大产教融合人才培养，助力金融业数字化转型。2019年8月，央行发布《金融科技（Fin Tech）发展规划（2019—2021年）》，明确提出加大金融科技人才队伍的建设，为金融科技发展提供智力支持。从现实情况看，缺乏既懂科技又懂银行业务和风控的专业性复合型人才一直是银行发展金融科技面临的最大难点。2019年9月，中国银行业协会联合建行大学、深圳大学、香港科技大学发起的“中国银行业金融科技师”认证培训项目（CFT），致力于打造“培、考、战、评”四位一体的高端金融科技人才认证体系。课程来自银行业和其子公司以及金融科技头部公司实践，汇集了金融科技在零售、对公、运营、风控等多场景的优秀案例，覆盖人工智能、区块链、大数据、云计算、5G和互联网以及监管科技等在银行业金融机构的应用和解决方案。这是金融科技赋能金融机构数字化转型的一次积极尝试。

5.成立金融科技子公司

成立金融科技子公司成为大中型银行的共识选择。当前，各大银行金融机构加快推进金融科技战略部署，在继续深化与外部科技企业合作的基础上，更加注重通过自身力量打造金融科技核心竞争力，成立金融科技子公司。大中型商业银行成立金融科技子公司，以独立法人的灵活体制和市场化运作机制，在依托母公司优势基础上，探索新业态、新模式，建立自身产品优势，推动企业金融科技发展：一是通过加强内部信息化基础设施建设、搭建应用系统及平台来提升企业整体信息化水平；二是以科技引领金融，在金融科技业务场景化、生态化、智能化方面进行探索；三是通过金融科技子公司整合技术、业务、资源及经验优势，对外输出技术能力，加强金融科技生态构建。多家银行都在发挥金融科技子公司的市场化优势，赋能全行业务数字化转型。13家已经成立的银行系金融科技子公司分别为工银科技、农银金科、中银金科、建信金科、交银金科、光大科技、招银云创、民生科技、龙盈智达（华夏银行）、兴业数金、北银金科、平安科技、廊坊科技。

四、金融科技催生银行新业态

（一）开放银行的实践与发展

开放银行作为具有Bank4.0时代特点的商业模式，已受到监管和业界高度关注，在助力银行数字化转型方面发挥越来越重要的作用。国内一些大中型银行和互联网银行率先推出“开放银行”战略并进行了较多实践，通过自建、合作或者参与等策略搭建符合自身禀赋和业务需求的开放银行模式。伴随应用程序接口API、SDK等技术应用逐渐成熟稳定，能够安全快捷地与外部生态系统共享数据、算法、交易、流程等功能的开放模式应运而生。由于它能够满足客户对快速、可靠、便捷和个性化服务的追求，不仅颠覆了依靠网点和线上APP获客的传统模式，还能够有效突破流量瓶颈，开辟第二增长曲线。

1. **开放银行的国际起源**。开放银行模式最早起源于欧洲，在监管当局的推动下，以英国、欧盟为代表的国家和地区率先落地以数据共享为本质的开放银行模式。国内对开放银行的探索主要聚焦于业务和产品开放方面，早期可追溯到2012年中国银行“中银平台”的搭建，但直至2018年浦发银行“API无界开放银行”的问世，开放银行的概念才在国内迅速升温。

2. **开放银行的构建利大于弊**。开放银行促进传统银行经营模式革新和数字化水平提升，真正实现以客户为中心构建产品和服务。一是开放银行提供个性化、场景化金融产品和服务，延伸金融供给方服务边界，丰富金融供给资源并优化金融供给结构；二是开放银行以其强大的技术支撑，实现数据交换与共享，拓展金融服务半径，触达长尾客户，有效缓解信息不对称、服务成本高等难题，精准提高普惠金融的可得性。从监管角度看，开放银行作为一种新型商业模式，与国外自上而下推动的发展路径有所不同，国内总体上对开放银行持审慎包容的态度。随着商业银行的开放银行实践日趋丰富，监管政策将会更加完善。

3.我国开放银行的概念与范围。开放银行是指银行与科技公司等第三方机构遵循开放、共享、共赢的发展理念，形成的基于客户服务场景的合作模式。现阶段，我国开放银行主要以应用程序接口（API）、软件开发工具包（SDK）等技术为支撑，以技术、业务、产品的开放、共享为重点，未来有望逐步向数据开放等深层次领域延伸、拓展。值得注意的是，不同国家对开放银行的定义有所不同，以英国为代表的许多发达国家侧重强调数据开放，而我国开放银行聚焦于业务和产品开放方面。据中国银行业协会调查，国内银行界普遍认为开放银行范围主要涵盖战略开放、技术开放、数据开放和业务开放四个方面。其中，战略开放是银行全面走向开放之路的前提，技术开放、数据开放和业务开放分别是开放银行的基础、核心以及关键。总体来看，由于零售产品的操作流程较为简单，且使用频率较高，故目前零售业务的开放程度整体要高于对公业务。波士顿咨询数据显示，开放银行占零售银行总收入的比例已达到15% ~ 25%。未来，开放银行的模式、技术、监管将不断成熟和完善，对公业务领域的交易银行、供应链金融等业务也将随着账户和交易数据的开放共享而实现开放运营。

4.开放银行对金融服务创新与监管方式的影响。IDC调查数据显示，数字化转型可将银行的盈利能力提高26%，市值提高12%。开放银行是商业银行数字化转型的重要组成部分，开放银行的建设将推动商业银行从后台到前台的全面数字化转型。在开放银行推动下，银行在客户、产品、场景、组织架构等方面的经营模式将产生重大转变。客户方面，商业银行将从过去一味追求客户增量的固有模式，转变为更多地注重存量客户的活跃度提升。场景建设方面，在充分体会到自建场景的高成本、同质化、低效化弊端后，商业银行斥巨资自建场景的行为将得到缓解，将更多地采取外部融入的方式实现场景化服务。新的监管模式可能呈现如下特点：一是将更多强调接口标准的设定和统一，为开放对接提供更完善的环境；二是加大力度审查金融科技公司及第三方平台的准入资质，将风险防控从事后监督转移为事前干预，提高对开放银行监管的穿透性。

5. 开放银行增加金融风险复杂性。平台开放意味着商业银行将连接更多的外部主体，面临的风险环境将更加复杂。一是数据泄露风险。国内银行界普遍认为数据泄露是开放银行面临的最大风险。开放银行涉及数据的提供、共享、再利用，若服务器被攻击或报文传输过程中存在数据保护缺陷，会导致数据信息被窃取、恶意篡改、泄露和移作他用，将泄露客户隐私、影响银行经营安全。二是法律合规风险。开放银行需在监管当局框定的范围内开展业务、并执行安全合规标准等，倘若不能保证开放过程中服务和数据的安全合规，将对银行的社会声誉造成负面影响。三是网络安全风险。开放银行的敞口变多、管控链条延长，容易出现网络安全漏洞，若安全漏洞被恶意利用，将产生服务器被入侵等不良后果。四是业务开放风险。外部合作机构获得API接口或SDK使用权后，若出现超授权使用、非法外用等情况，容易导致商业银行业务系统服务不可用、业务连续性中断等风险。

（二）远程银行的全新运营模式

2020年突如其来的新冠肺炎疫情给银行传统线下业务带来很大的影响，但对优先布局金融科技的银行来说，其优化的线上服务模式有效缓解了线下的影响。金融科技与新冠肺炎疫情叠加，加速了银行业数字化转型，催生远程银行新业态。

1.疫情触发非接触金融业态全面兴起。疫情之下，线下“面对面”的金融服务受到冲击，厅堂服务与营销能力明显下降。为更好发挥金融对疫情防控工作和实体经济的支持作用，监管部门积极推动和引导金融机构加强线上服务。2020年2月1日，中国人民银行、银保监会等五部门联合印发《关于进一步强化金融支持防控新型冠状病毒感染肺炎疫情的通知》，提出“金融机构要加强全国范围特别是疫情严重地区的线上服务，引导企业和居民通过互联网、手机APP等线上方式办理金融业务”。2020年2月14日，银保监会发布《关于进一步做好疫情防控金融服务的通知》，要求“加强科技应用，创新金融服务方式”。首先要“提高线上金融服务效率。各银行保险机构要积极推广线上业务，强化网络银行、手机银行、小程序等电子渠道服务管理和保障，优化丰富‘非接触式服务’渠道，提供安全便捷的‘在家’金融服务”。当前，银行业传统的经营方式必须依托线上化、智能化的产品与服务确保金融服务不中断。

2. **标准引领远程银行发展与建设**。中银协发布的《中国银行业客服中心与远程银行发展报告（2019）》显示，金融科技已经在影响并改变着传统的银行线上客服和线下厅堂，银行业数字化转型加快了线上线下一体化的远程银行建设：一是服务智能化，主要体现在智能语音导航、智能机器人、智能质检等多方面；二是渠道一体化，电话与短信、微信、网银、手机银行与营业网点等渠道协同；三是数据应用化，通过客户标签、画像、建模等分析，提升服务与经营能力；四是业务场景化，通过创新营销模式，拓展营销渠道。2019年，中银协发布银行业首份远程银行团体标准《远程银行客户服务与经营规范》，进一步体现了“新标准、新服务、新经营”的全新发展理念。

3. **远程银行的发展瓶颈**。国有银行和部分股份制银行在远程银行建设上已初见成效，但对大多数中小银行来说，这条路才刚刚开始。一方面，远程银行无法触及分支行客群。远程银行需要调动总行及各分支行、各业务条线的部门全员配合，从线上到线下、总行到分行，信息往往会层层衰减，这种模式下传导力会大打折扣。另一方面，远程银行营销场景还不够丰富。目前，有些远程银行的建设还是以产品为中心，以业务服务为主，本身不具备太多与用户互动的场景，而金融产品本身又是低频交易，除了存量客户在业务办理时使用远程银行，行外新客户很难被吸引，更难以实现获客、留客。

4.远程银行的多种运营模式。工商银行远程银行中心成立于2018年，属于渠道板块，定位为“全渠道服务中心、共享连接中心与远程营销中心”。工商银行远程银行中心通过完善“智能+人工”“线上+线下”“远程+近场”，不断深化线上线下的渠道一体化融合，将智能客服推广到“融e行”“融e联”及微信等二十多个服务渠道。招商银行创新的远程服务模式“服务+运营+经营”，隶属于大零售板块。在渠道建设方面，涵盖招商银行远程银行、招商银行APP、掌上生活APP及其微信公众号渠道。招商银行一方面着眼于金融属性，将手机银行作为远程经营的主要阵地，实现与客户的线上交互，以数据分析为驱动，通过客户在手机银行的各类交互数据，进行客群的细分、画像、分群及建立各类经营模式；另一方面发力在非金融属性，覆盖多元化生活场景，如衣食住行商户联盟、便民平台、社保、财政非税业务、云缴费业务、智慧停车、教育、医疗等。

5.远程银行的核心竞争力建设。提升远程银行核心竞争力是一项系统工程，需要从以下几个方面不断加强。第一，数据支撑是基础。传统零售业务依赖线下网点，客户数据有限，交互性不强，无法深耕存量客户。网上银行、手机银行、微信小程序等与客户的交互界面逐渐出现，提升了金融服务的可触达性，为银行积累客户数据、分析客户行为奠定了基础。数据化分析能力将是银行零售业务发展的核心竞争力之一，有利于银行了解客户行为、完成客户群体画像，定制服务，深耕已有客群，更精准地发掘潜在客户群。第二，数字化客群经营是驱动。精准营销主要研究某一个点的最佳方式和路径，经营更加复杂和精细，它是基于客户成长价值路径和客户体验提升目标制定的一个跨渠道、跨平台、复合产品和内容的综合体系，也是数字化营销从点到面的进化。银行应用大数据的能力正在从精准营销向数字化客户群体经营进化。从精准营销的“点”，到数字化经营的“面”，数字化客户群体经营不是简单挖掘精准目标客户，而是基于经营目标制定精细化经营策略，并确保各项策略落地到各业务流程。第三，极致客户体验是目标。通过客户画像和行为分析，实现界面功能展示的“千人千面”，并能通过认知大脑分析客户偏好、客户资产和行为偏好，自动推荐适合产品，可从手机银行上百项功能中直接定位到客户所需的业务功能，并识别客户意图，极大提升客户体验。第四，场景布局是关键。各银行均力争在远程银行上做到更精准的营销投放、多资源整合以及场景应用。一方面，金融服务应用场景向线上迁移，加强场景生态建设，丰富获客、活客渠道和方式；另一方面，加强线下、线上金融服务融合、打通，构建场景生态圈，拓宽服务领域、延伸服务周期，将服务交付场所逐渐由实体网点向各类生活消费场景转移、融合。在吃喝玩乐、衣食住行等生活服务领域的诸多场景中，巧妙融入营销，既不会让用户反感，又能借活动引流。

（三）银行函证区块链服务平台

区块链具有的信息透明、不可篡改的特点，在金融领域得到深入应用。各类金融资产如股权、债券、基金等都可以被融入区块链中，以“数字资产”的形式在区块链上进行存储和交易。跨境支付、数字货币、数字票据、支付清算、征信管理、证券交易和保险管理等方面也能从区块链技术中获益。银行函证区块链平台是开放银行重要的场景实践之一，也是银行业数字化转型中的一种商业模式的创新。通过区块链前沿技术，使得传统银行函证的询函与回函业务，更安全、更可信。为加快推进银行函证工作集约化、规范化、数字化进程，提升审计工作质量，防范金融风险，推动社会信用体系建设，在财政部、银保监会的共同指导下，中银协与中注协打造国内领先的银行函证区块链服务平台。

1.函证区块链设计原则。平台的建设秉承着“信息安全、数据可信、流程规范、业务高效”的设计原则，实现整个数字函证流程的线上化、标准化和规范化。（1）信息安全：平台建设满足信息安全原则。平台采取金融级信息安全管理、运营、技术保障体系，按照信息安全等保三级的要求，从网络安全、应用安全、数据安全、物理安全、容灾备份等方面考虑和设计，7×24小时全天候全方位防护，切实保证安全第一；函证文件加密后通过平台传输，平台无法解密函证文件，确保了客户敏感数据的私密性。（2）数据可信：平台建设满足数据可信原则。平台使用获得工信部可信认证的“工银玺链”作为底层区块链技术，实现数据全程在可信安全环境下流转，满足可追溯、不可篡改的要求，确保函证的可信度、可靠性和安全性；中银协、中注协作为行业协会，分别接入函证平台的银行、会计师事务所进行身份认证，确保了交易方身份信息的真实性和有效性。（3）流程规范：平台的建设满足监管文件要求。平台按照财会〔2020〕13号文、财会〔2020〕12号文件以及财办会〔2020〕21号文件要求，采用标准化函证格式。针对数字函证新场景，规范函证业务新流程，确保数字函证流程规范化。（4）业务高效：平台的建设满足业务高效的原则。平台在函证的“申请、分发、回函、查询、收函”全流程提高了函证业务效率；银行与会计师事务所互联方式由原来的多家会计师事务所对接多家银行，转变为与函证平台统一对接，节省大量社会资源；同时提高监管效率，切实达到平台的集约化、数字化要求。

2. 平台总体架构：基于工商银行现有的数字函证系统建设经验，平台引入区块链技术，目标建设一套全国领先的银行函证区块链服务平台。在总体设计上，以监管文件为指导，并充分借鉴了会计师事务所和银行的实际需求。

平台作为会计师事务所与商业银行之间沟通的桥梁，会计师事务所和银行均可通过API标准接口或B/S网页端服务的形式使用本平台。科技实力强的大型会计师事务所和商业银行均可通过API标准接口的方式与其现有业务系统对接；其他的中小型会计师事务所和商业银行可通过平台提供的B/S服务来完成函证业务。同时，银行向被审计单位提供企业网银服务，进行在线授权和缴费。平台为监管方提供了B/S网页端服务，提供可视化数据监控视图，方便监管方了解不同时间、地区以及不同类型银行、会计师事务所的业务情况和关键指标。平台提供了函证申请、函证分发、函证回函、合规检查、统计分析、数据驾驶舱等功能模块（见图1）。

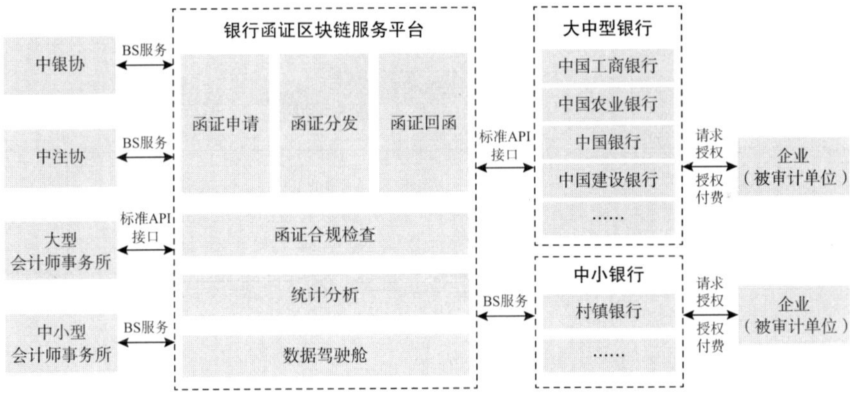

图1　银行函证区块链服务平台示意图

3. *业务流程*：以工商银行自主研发的“工银玺链”为依托，将函证业务过程中的信息流、数据流上链，利用区块链的多方共识、可追溯和不可篡改等特性，实现整个数字函证业务的信息化、透明化（见图2）。

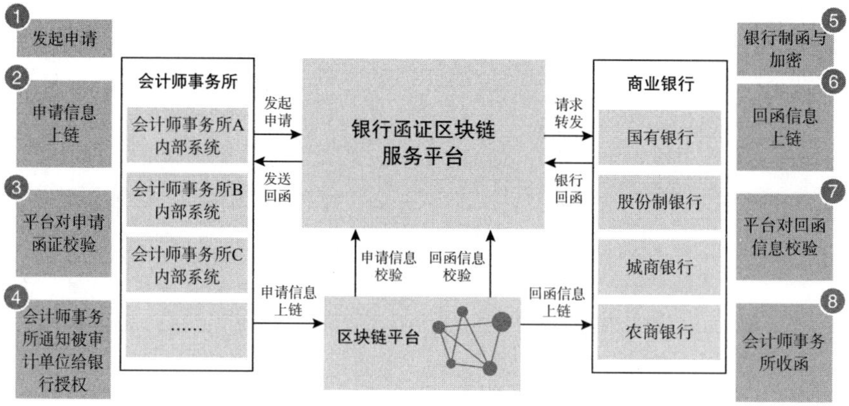

图2　函证业务流程图

4. **函证数字化意义重大**：推动函证数字化是贯彻落实党中央、国务院实施大数据战略、加快区块链推广应用的重要举措，通过函证数字化，不仅可以简化函证处理流程，加快函证处理效率，有效解决传统纸质函证模式的多种弊端，而且可以减少会计师事务所、银行、被审计单位人工介入程度，增强风险管控，降低数据错漏和舞弊风险。一是有助于夯实市场主体会计信息质量、维护市场经济秩序，有助于加强防范金融风险、维护金融秩序，有助于推动社会信用体系建设；二是有助于商业银行加强内部控制，提升信息化建设水平，降低操作风险、技术风险及声誉风险。

五、金融科技提升银行发展质效

金融科技的发展面临着众多的机遇，但也要迎接各种挑战。许多金融科技的产品和服务在疫情期间经历了考验。我们崇尚科学，但更敬畏金融发展的逻辑和规律。人类每一次遇到灾难，都让我们更加成熟。今天的金融科技，更应该从合规科技的角度来考虑为金融机构赋能。金融科技是手段，助力金融机构服务实体经济才是内核。要明确金融科技创新是“术”，不是“道”。任何金融科技创新项目都要立足于“不忘服务初心，牢记普惠使命”，在赋能金融机构服务好实体经济的同时，坚持守正创新、科技向善。

（一）信息技术应用创新，在深层次助力银行业数字化转型

企业必须在核心技术上不断实现突破，掌握更多具有自主知识产权的关键技术，掌控产业发展主导权。银行的核心技术已经通过云计算、算法和算力、分布式技术实现单点突破，并有效地支撑了银行业数字化转型。中国农业银行全栈式技术中台体系，基于中台思想和服务化理念，全新构建农业银行IT架构基础支撑技术，面向分布式和云架构，形成企业级、全栈式、服务化的技术中台体系。技术中台体系坚持自主可控，显著提升国产及开源技术使用率。中信银行“凌云工程”系统投产以来，GoldenDB运行稳定，全面验证了GoldenDB作为国产金融级交易型分布数据库安全可靠，夯实了中信银行在国内金融行业数字化转型的领先实力，是中信银行金融科技创新的一个重要里程碑。

（二）“数据+技术+场景”的智能风控体系，成为防范风险的新利器

央行《金融科技（Tin Tech）发展规划（2019—2021年）》明确指出：运用大数据、人工智能等技术建立金融风控模型，有效甄别高风险交易，智能感知异常交易，实现风险早识别、早预警、早处置，提升金融风险技防能力。银行金融机构主动布局金融科技风控，应用大数据、人工智能和云计算等多种技术实现实时风控和个性化风控，加速金融科技风控多场景渗透，将金融科技风控作为核心竞争力。中国工商银行全球智能反洗钱监控系统，一是搭建企业级反洗钱监控平台，充分利用工行大数据、云平台、机器学习等优势，打造全数据、安全、开放的企业级反洗钱监控平台，实现高效、灵活、智能的反洗钱监控体系；二是实现智能模型的构建和应用，依托大数据平台和企业级机器学习平台，在专家规则基础上，深度挖掘数据特征，采用多层筛网式建模策略，运用高维特征工程技术和机器学习算法，精准定位客户洗钱活动，提高洗钱风险监测的准确度，构建标准化规范化的反洗钱服务模式；三是建立与企业内业务系统统一的对接标准，制定反洗钱对外服务标准，形成规范、安全、有效的反洗钱对外服务模式；四是为集团境外机构提供反洗钱支持。

（三）“线上化＋移动化＋智能化”的非接触服务，让金融更普惠

“不忘服务初心，牢记普惠使命”，这是金融科技发展的真谛。研究表明，在疫情期间以及后疫情时代，金融科技在缓解疫情对经济和社会影响方面发挥着重要作用，提高普惠金融程度。同时，拓宽低收入家庭和小企业的金融渠道也可以支持更具包容性的复苏。疫情期间，建信金科依托生物识别、人工智能等新技术，在国内银行业推出唯一一款面向小微企业的“惠懂你”移动融资平台。从提供单一金融产品到搭建内部充分整合、外部开放共享的场景，实现与市场、客户的深入连接，创新银企双向沟通方式。其主要优点有：一是“快”，通过简化申贷流程，引导客户自主完成申贷，全流程线上操作，真正做到秒申、秒批、秒贷；二是“易”，支持线上便捷召开股东会，随时随地审议融资提案；三是“准”，通过自动获取企业及个人资产、税务、征信等数据，实时精准测算企业可贷额度；四是“广”，聚焦场景应用，丰富产品体系，扩宽服务范围。

（四）金融科技转战“下半场”，拓展到G-B-C生态圈

银行数字化转型之战，势必也是生态建设之战，谁能够更深入场景生态，把自身融入客户生态当中，谁就有可能拿到数字化转型“真正的王牌”。G-B-C背后的逻辑是构成了一个强大的跨领域的闭环生态，对银行来说可以实现多个领域业务的贯通。在智慧政务服

务中，最终服务的还是政务背后的个人和企业。建设银行区块链贸易融资系统贸易金融生态圈，形成了60余家同业参与的业界最大的贸易融资生态。区块链+物联网科技与金融服务深度融合，构建核心企业视角下的、符合商业原生态的“区块链物流金融平台”，为打造全贸易生态圈全业务流程信息的互通互信共享奠定了坚实基础。该系统改变了传统交易和信息采集模式，提高了有效防范金融欺诈风险的能力，构建了建设银行特有的区块链应用开发平台。两年内，该系统一方面新增投产了再保理、银团贷款、物流金融产品应用，突破了传统区块链与视频、影像系统之间的障碍，构建了特有的保险箱、链外存储体系；另一方面，充分验证了开发平台能显著降低开发准入门槛，具备支撑应用快速开发的能力。系统投产以来，平台及生态持续稳定运行，在2019护网行动中创造了零失分纪录，系统表现安全、高效、稳定。

（五）金融科技赋能银行发展，依赖差异化的数字化转型战略

中小银行数字化转型要有别于大型银行，应实施差异化的战略定位，要结合区域化特征，形成具有自身特色的数字化转型战略。《中小银行金融科技发展研究报告（2020）》，运用“蜂巢”模型，从战略、组织、技术、数据、应用、生态六个维度对中小银行发展金融科技提出了建议：在战略层面，推动金融科技“价值—制度—文化”的全面革新；在组织层面，构建“敏捷—专业—高效”的运

营架构；在技术层面，保持持续的“投入—人才—创新”联动机制；在数据层面，以“基础—多元—安全”为标准切实提升治理水平；在应用层面，实现“智能—效率—融合”的全面突破升级；在生态层面，打造真正意义上“服务—场景—开放”一体化的未来银行。

第12讲

要兼顾金融智能化下“发展与风险”的平衡

金磐石
中国建设银行首席信息官

《三国演义》中木牛流马的出现，说明普罗大众对替代人工向往已久。《封神演义》中“顺风耳”“千里眼”，更是源自人对超自然的憧憬。银行业作为与数字密切相关的行业，对信息技术应用有着天然的喜好，利用信息技术进行人工替代进而提升智能化处理能力的探索从未间断。

早期的自动柜员机（ATM）就是金融智能化成功应用的典范。只是不同时期人们对智能化评判的标准不同，当柜员机遍布大街小巷后，人们习以为常，不再觉得ATM有多么智能，对智能化有了更高的期待，于是智慧柜员机（STM）、智能投顾、智能运维等逐渐浮出水面。然而，银行的金融智能化不是简单的技术应用，其发展有着内在的业务逻辑，智能化探索从劳动密集型区域开始，从贴近客户的领域发酵，逐步延伸到科技自身及周边的方方面面。

一、智能化转型实践

1. 网点智能化

物理网点是银行原来处理业务和营销拓展的主要阵地，但是随着业务的自助化和线上化，传统网点面临着急迫的转型压力。银行要充分利用5G、物联网、生物识别、远程协助等新技术，使网点布局更加“简约、时尚、科学”。建行的“5G+智能银行”就是将金融、社交、生产等场景连接，设置迎宾机器人、数字瀑布、展览投影、互动桌面、远程直播、汽车金融体验、实物领取机、STM、远程互动娱乐终端、金融太空舱等智能化设施，提供了几百种常见快捷的金融服务，打造了全新的集“体验空间、对话空间、娱乐空间”于一体的网点金融服务新模式，将网点转变成提供交流和咨询服务的体验中心，为客户带来“自助、智能、智慧、安全、全渠道、高效率”的全新感受。目前，建行有1.45万个物理网点、3.4万个24小时自助银行、52万个村口银行，服务7亿客户，日均交易笔数是20余亿笔，没有包括物理网点在内的智能化转型是根本做不到的。

2. 营销智能化

营销效率是银行赢得竞争的关键，随着线上客户的爆发式增长，智能化精准营销至关重要。银行利用行内外的数据资源，分析客户细分群体、研究客户行为，进而定位到智能化精准营销的对象。建行的千人千面广告推出后，首页主屏黄金栏位的点击率比同期同栏位的普通广告的点击率高出了55.17%。此外，运用语音识别与合成技术，银行的智能外呼平台代替大部分的人工向客户推销产品，同时敏感、快速地捕捉客户声音所呈现出来的情绪与偏好，因而提升销售效率、节约了成本。

3.客服智能化

客户服务是银行与客户的窗口，是获客、活客和留客的重要手段。面对客服需求的急剧增长，银行已利用语音识别、自然语言识别、图像识别、机器学习等人工智能技术，研制了智能客服机器人，并在网站、手机银行、电话、微博、微信等多渠道部署使用，与其他业务系统有机连接，实现业务咨询、菜单导航、智能业务、百科闲聊、转账、账单查询、开通电子银行等典型应用场景的深度应用。这种智能客服机器人具备多轮会话、精确的意图识别、智能分析、问题联想等能力，能够实现7×24小时不间断的信息查询和办事咨询，以及“永不下班”的随身智能应答服务，在有效降低客服成本的同时，构建起快捷高效的客户服务新模式。目前，建行智能客服机器人“小微”月均服务客户达到1亿多人次，日均交互超过600万次，问题识别率已达到99.59%，问题应答准确率99%，相当于1万人工坐席的工作量，远超95533、400人工坐席的服务量总和。

4.运营智能化

当前，银行业已由集中运营向智能运营转型。围绕“智能、共享、协同”的理念，顶层设计、资源管理、任务管理、分配调度、质效管理、风险管理、服务响应、成本计量等管控机制，智能撮合运营需求与资源，实现多中心自动排班、流量调度，统筹管控运营流程，达到业务运营高效、用户体验良好、管理有机协同的目的。利用智能机器人，将“简单、高频、重复”的特定银行服务进行智能标准化处理，降低成本，提升业务成效。建行智能催收机器人“小催”自推出以来，回收金额、户数、产能、回收率实现“四增长”，个人贷款成功催收同比增长165%。构建的智能运营管理驾驶舱，为各级管理人员提供跨渠道、跨机构、跨产品的全局视角流程数据分析。运用物联网、边缘计算等相关技术，在现金收付、保管、配送、尾箱管理等方面推进智能化，实现金库作业全流程数字化、自动化。

5. 风控智能化

风险管理和内部控制是银行生存的基石。在信用风控方面，利用人工智能及大数据技术，通过引入大量外部数据交叉验证，运用集成学习、回归决策树、神经网络等机器学习方法，构建个人及企业信用风险评价模型。基于企业及其实际控制人各类关系，采用知识图谱、网络探查、模式识别等图挖掘技术，构建企业信贷申请反欺诈模型、风险传导模型。建行利用这些风控模型和相关平台，信用卡发卡自动审批率达到80%，平均每天减少50个审批人员工作量；小微企业贷款业务由原来1~3个工作日现场办理减少至实时自助办理。2020年末，建设银行普惠金融贷款余额1.45万亿元，较上年增加4892亿元，余额新增均列市场第一，不良率持续保持低位，有力地支持了国家普惠金融战略。在交易风控方面，银行构建了金融交易风险控制大脑，集成整合覆盖多渠道、跨领域的安全风险事件和情报数据，基于人工智能、大数据等技术研发的多维度安全态势感知和风险分析系统，智能化地预测未知风险，快速、灵活、精准地进行风控策略调整，不断提高风险模型自适应及未知风险预测能力，实现智慧型的风险防控。2020年，建行主动拦截事中风险交易2.5万笔，避免客户资金损失逾3.15亿元，为保障业务健康有序发展发挥了积极的作用。

6. 科技运维智能化

IT系统的安全稳定运行是银行生存的底线。超一流的银行必须有超一流的IT系统与之匹配，而超一流的IT系统一定是靠智能化的工具手段维护和管理的。银行已在加快科技运维智能化体系建设，构建具备实时感知、智慧决策、自动控制三大能力的智慧运维平台等方面取得长足的进展。2020年“双十一”，建行网络支付交易量2.61亿笔，较2019年增长12.99%，网络支付交易金额884亿元，同比增长15.7%，交易笔数、交易峰值均位居同业首位。面向运维人员构建的智能运维服务平台，利用机器人和基于人机交互“引导式问答”等人工智能技术，为运维人员提供日常技术问题受理、生产运行报障、上线支持等服务，切实提升了运维效率。

二、行业趋势探析

当前，金融智能化已驶入快车道，技术的日新月异为银行智能化转型提供了更为强大的动力。未来智能化将会融入人们生产生活的各个领域，持续渗透到银行的方方面面。通过算法、算力以及数据信息的高效处理，实现智能化无处不在，助力银行持续改善客户服务体验和经营效率。可以预见，利用AI与虚拟现实（VR）、增强现实（AR）等技术，银行将推出全渠道统一的AI品牌形象，成为与客户交互和服务的新窗口，提升银行服务品牌科技感及影响力；利用机器人完成传统金库现金实物的运输、清分、分拣、交接等工作，大大减少人工工作量和出错舞弊的概率；利用报表机器人、合规机器人，更大限度解放劳动力，将更多人力用于产品创新和业务拓展。让机器做人所不能及的事情，让人做机器所不能及的事情，两者相得益彰。

纵观历史，银行作为一个企业或机构并非必需，但银行所提供的服务却是人们所必需的。未来银行服务的金融属性将会下沉，社会属性将进一步凸显，将更加深入社会、深入生活场景，从封闭金融体系的主要参与者转变为开放金融生态的超级链接者，着眼于解决社会痛点，致力于人民美好生活。而这一切都有赖于金融智能化在其中所起的决定性作用。

三、智能化引入风险的防控

技术也是“双刃剑”。新技术尤其是智能化新技术，在提升金融服务能力、造福社会的同时，也可能引发一些关联风险。如智能营销可能引发的“信息骚扰”。客户的一个简单操作甚至误操作，有可能误导智能营销系统，使其后续不断推送相关广告和信息，从而引发客户的困扰和投诉。随着算法的不断演进和数据的日积月累，智能化系统将会越来越多地帮助人类做出决策，而AI算法的黑箱、存在的噪声、偏差的训练数据可能导致不少决策难以给出合理的理由。这就是所谓的人工智能“弱可解释性”风险，极易引发监督审查的困境。物联网时代，人与物、物与人、物与物之间都能发起交易，交易场景将会爆炸式地增长，交易笔数会呈指数级上升，此时一个微小的“漏洞”可能会被智能化工具自动重复利用，带来的风险将是巨大的。

金融智能化应用的可知、可用、可控还有许许多多的工作要做，在进行智能化转型的同时，银行应持续对金融智能化风险保持一份关注，平衡发展和风险的关系，让智能化转型走得更稳、更远。

来源：《北大金融评论》

第13讲

以科技破解普惠金融“不可能三角”

蒲海涛

腾讯公司副总裁，腾讯金融研究院院长

展望未来，积极发挥金融科技的引领力，进一步拓宽普惠金融的产品和客户覆盖范围，让便捷、安全、高效的金融产品和服务惠及百姓民生，服务经济高质量发展和创造高品质生活。

一、普惠金融发展中面临的困难和挑战

1. 小微企业融资“难”“贵”“慢”“险”问题长期存在

早在2005年，联合国就提出了普惠金融（Inclusive Finance）的概念，该概念一经提出便被各国广泛接受，发展普惠金融成了世界性共识。近年来，传统金融行业探索将金融服务以可负担的成本扩展到欠发达地区、低收入人群、小微企业，取得了一定成效。银保监会数据显示，截至2020年6月末，全国普惠型小微企业贷款余额13.73万亿元，同比增长28.4%。有贷款的户数2363.3万户，比年初增加了251.4万户，2020年上半年新发放的小微企业贷款利率是5.94%，比2019年全年水平下降了0.76个百分点。受疫情影响，小微企业不良贷款余额较2020年初增长了9.25%，不良贷款率控制在2.99%，总体上控制在不良容忍度之内。但是小微企业融资“难”“贵”“慢”“险”的问题并未能够完全得到有效解决。人们把中小企业因金融资源供给不足而形成的长期融资中的巨大资金配置缺口称为“麦克米伦缺口”。根据世界银行发布的《中小微企业融资缺口报告（2018）》，我

国中小微企业融资缺口达到了1.89万亿元，约占GDP的17%。这些数据表明我国小微企业融资难的问题仍未得到充分解决，从下图中可以看到，银行贷款审批指数一直远低于小微企业贷款需求指数，“麦克米伦缺口”在我国长期存在（见图1）。

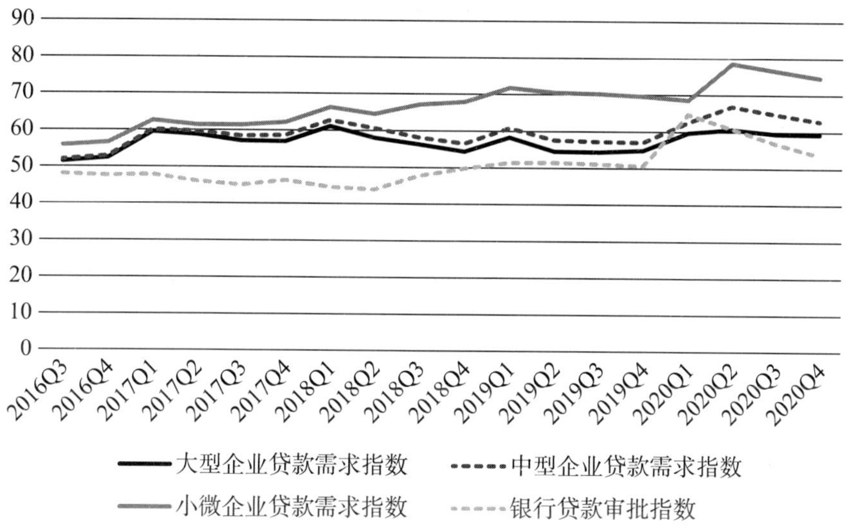

图1　企业贷款需求及银行贷款审批指数对比（2016Q3-2020Q4）

数据来源：中国人民银行银行家调查问卷

小微企业融资难的原因复杂，其中既有企业的自身原因，又与当前所处的宏观外部环境密切相关，主要原因包括：**一是**小微企业缺乏抵押物和轻资产运作。小微企业的资产结构中固定资产比例小，尤其是高科技企业，无形资产占有较高的比例，缺乏标准化的抵押物，难以满足金融机构的放贷要求。**二是**小微企业抗风险能力弱、不稳定性风险高。据相关统计，近30%的小微企业在两年之内就退出市场，近60%的小微企业在4 ~ 5年内消失。小微企业在市场变动和经济波动中表现出的不稳定性、脆弱性、高歇业率和倒闭率，使金融机构放贷时慎之又慎。**三是**信息不对称、信用体系不完善。多数小微企业没有健全的财务制度，无法提供可供信赖的财务报表，导致银行对企业经营状况缺乏足够了解。**四是**金融机构自身管理成本高导致积极性不高。金融机构由于信息不对称、小微企业自身风险偏高及信用体系不完善等原因，因此采用更加谨慎的尽调、风控策略，导致向小微企业放贷所涉及的经营成本大大高于国有及中大型企业，同时小微企业往往单笔贷款金额小、时间短、收益有限，银行机构成本难以覆盖。

2.“普”“惠”“险”的“不可能三角”

小微企业融资“难、贵、慢、险”等问题长期存在，广大农村地区和低收入人群的传统金融需求和新时期更广大老百姓的新金融服务需求难以得到有效满足，究其深层次原因在于，普惠金融自身存在着“普、惠、险”的不可能三角问题。**普惠金融是要解决的是“可获得性”“成本适当”和“商业可持续”意味着要同时解决“普遍”“优惠”和“低风险”三方面问题。**而“普”“惠”“险”三个问题，在一定程度上存在着“三元悖论”，三者一般情况下只能取其二，如果做到普遍性，又做到优惠，意味着大量客户可以获得低利率贷款，风险往往超过利息收益，商业无法持续；如果解决了普遍性，又要防范风险，就需要用高收益覆盖高风险，解决不了优惠的问题；如果解决了优惠，又不能出风险问题，所覆盖的人群一定是特定的，解决不了普遍可获得性的问题。尤其需要注意的是，不管是针对小微企业还是个人，这些普惠金融需求主体所需产品均以小额为主，在传统线下服务模式下，单笔业务的成本并不比大额服务低，使得单一服务的收益难以覆盖成本。因此，解决普惠金融的难题，就必须在“普”“惠”“险”三者中寻求适当的平衡，但在没有技术变革的背景下，平衡难度非常大，这也导致诸多金融机构的普惠金融服务长期以公益服务形象存在，难以实现商业上的可持续。

3. 广大农村地区、偏远地区和低收入群体的金融需求未能得到有效满足

在广大农村和偏远地区，金融服务不均衡的现象仍旧存在。农村地区地广人稀、交通不便，建设金融机构网点的成本较高，金融服务能力薄弱是客观现实。具体到个人，由于传统金融服务主要面向高净值人群，出于对成本及经济效益的考虑，低净值人群往往不是金融机构着力服务的对象。由于个人信用记录不完善、缺少担保或抵押品、收入不足等原因，广大农户、低收入群体及失业者很难获得传统银行贷款，而证券、保险等其他金融工具更鲜有机会涉足。由于传统金融机构未能满足该部分人群的金融需求，部分人转向通

过现金贷、消费贷等业务获得贷款服务，融资成本相对较高，消费者权益也易受到侵害。

二、利用金融科技手段促进数字普惠金融发展

2016年7月，G20杭州峰会发布的《二十国集团数字普惠金融高级原则》提出，数字金融服务与有效监管对缩小普惠金融差距至关重要。随着大数据、云计算、人工智能、区块链等技术的兴起，以金融科技为依托的数字普惠金融成为普惠金融发展的重要推动力。利用数字技术降低成本、扩大金融服务的覆盖面、深化金融服务的渗透率、减少信息不对称、降低金融服务成本，是促进普惠金融的关键，而金融科技则将在这一过程中发挥至关重要的作用。腾讯公司秉承"用户为本、科技向善"的理念，致力于运用技术手段积极解决普惠金融难题，在实践中也积累了一定的经验。

1."普"——创新金融服务方式，极大拓宽金融服务覆盖面

近年来，大数据、人工智能以及移动通信等技术的兴起，使人们对物理网点的依赖大大减少，数十亿金融消费者的需求迅速转移到了手机、电脑和其他个人设备，弥补了金融服务渠道的不足。2019年《中国普惠金融发展报告》指出，信息技术的发展和移动互联网的普及极大降低了获得金融服务的门槛，显著增强了数亿老百

姓的金融获得感。

以移动支付业务为例，中国支付清算协会《2020年移动支付用户问卷调查报告》数据显示，2020年有74%的用户每天使用移动支付，较上年提高4.4个百分点。二维码支付是移动支付用户最常使用的支付方式，占比95.2%，较2019年提高2.6个百分点。支付机构通过与不同行业主体深化合作，（包括增加服务功能、优化业务流程、改善用户体验、提高企业效率等措施）与衣食住行、生活缴费、投资理财、医疗健康、教育培训等各行业深度融合，搭建起广泛的移动支付服务生态圈，在对传统商业模式进行改造的同时，也催生出新的经济增长点。在“智能+”的时代背景下，移动支付日益发展成为一种底层技术和连接器，将支付从渠道蜕变为最终用户接入金融服务体系乃至数字经济体系的重要连接点，让更广泛的群体共享创新发展红利。

而互联网银行在我国的试点及探索也进一步拓宽了银行贷款业务的覆盖面，互联网银行不开立实体网点，所有业务都可以在移动设备上办理，进一步满足不同群体多样化的小额资金需求。以微众银行为例，截至2020年末，微众银行个人有效客户突破2.7亿人，覆盖了31个省、市、自治区的逾560座城市，其中，约80%为大专及以下学历，约78%从事非白领服务业或制造业，约70%的贷款总成本低于100元。同期，微众银行的民营、小微企业客户数量超过56.7万户，约为年初的2.5倍；全年新增“首贷户”达10万户，其中，超过60%的企业客户系首次获得银行贷款。对特殊群体，微众银行利用数字化手段，通过手语视频和无障碍版本App，使听障、视障和有语言障碍人士无须他人帮助也可获得银行服务，持续扩大普惠金融覆盖群体。

2.“惠”——大幅降低单一金融服务成本，全面满足碎片化、小额化的金融产品需求

金融科技的进步极大提升了金融服务效率，大幅降低单一金融服务的成本，包括人力成本、网点建设等运营成本，以及渠道、管理等操作成本。以微众银行为例，单一个人客户的科技运维成本是传统银行的1/10左右，具备完全自主知识产权的分布式银行核心系统实现单日金融交易峰值7.5亿笔，系统可靠性超过99.999%，达到国内第一梯队银行的规模水平，显著降低了每个账户的运维成本，2020年实现户均IT运维成本同比下降23%，为让利客户奠定基础。2020年，微众银行普惠型小微企业贷款发放利率较上年下降1.35个百分点。充分体现了以技术手段降成本、促收益，进一步保障普惠金融的商业可持续性。

近年来，供应链金融与产业链管理成为解决小微企业融资问题、推进实体经济高质量发展的一种解决方案。通过金融科技在供应链金融领域的应用，可以使供应链金融能够更好地将以前无法覆盖到的企业涵盖进来，突破授信局限，逐渐把金融服务范围扩大到供应链全链条，拓展供应链金融服务的范围，实现降低成本和增加利润的目标。从供应链金融发展情况来看，大量赊销原因造成应收账款沉淀，影响了现金流。截至2018年底，我国应收账款总额或已超过20万亿元，而实际获得保理融资服务的仅3万亿元左右，大量供应链条中长尾小微供应商应收账款融资需求无法覆盖。与此同时，产业链条上的大型优质企业，对围绕供应链管理的信息、资金、物流的平台一体化建设需求越发突出，但自行研发成本高、周期长、实用性差等因素影响了供应链管理效率的提升。在供应链金融流程中，供应商、核心企业、银行、金融机构等多方并存，多主体、非高频交易场景非常适合区块链的场景。针对中小企业所面临的融资难、融资贵、融资慢、融资险的情况，运用区块链技术，可实现应收账款、票据、仓单等资产数字化，并且留下数据存证，防止票据作假、重复质押等风险发生，从而打通供应链金融中的信任传导机制，提升资产流动性，降低中小企业的融资成本，深度盘活金融资源。

腾讯公司打造的供应链金融模式“微企链”，将应收账款债权资产与资金对接，实现一体化全线上开放。在资产导入端，通过区块链技术，突破传统“核心企业——一级供应商”的反向保理模式，实现基于真实贸易背景的核心企业和N级供应商的应收账款拆分。同时，“微企链”平台后端对接多渠道资金，如银行、券商、信托、资产证券化等，实现全流程全链条闭环。结合腾讯区块链技术、财付通支付等金融科技能力与市场领先的资产审核能力，通过区块链不可篡改、信息可溯的特性，实现核心企业的信用穿透覆盖至长尾供应商，应收账款债权线上无篡改的拆分、流转和融资，提高小微企业融资可得性、降低融资成本。

3.“险”——通过大数据构建全面风险评价模型，取得风险与收益的平衡

针对普惠金融业务面临的高风险问题，实践中通过建设普惠金融数据平台，依托大数据等技术，充分利用政务数据、金融数据、企业经营数据和互联网行为数据，对企业信用状况进行准确评估、精准画像，为小微企业“增信”，解决金融机构信息不对称的问题。

与此同时，金融科技企业还通过机器学习等技术构建风险模型，采用机器学习导入海量金融交易数据从而不断优化，分析产生准确高效的决策模型，并建立实时跟踪、动态调整的信用评价模型。随着移动互联的深入发展，人们与信用相关的社交、购物、消费、资金周转、金融投资等活动逐渐转移到线上，通过综合收集、分析多维度数据，能够为更广泛的人群提供信用评估依据，金融服务商得以建立更加完备、高效的风险控制系统，为不同风险状况的服务对象灵活调整贷款额度以及利率，使金融服务商专注为普通大众和小微企业提供金融服务成为可能。

在金融科技的应用过程中，用户数据保护问题不容忽视。如何在不侵犯用户隐私数据的情况下解决数据孤岛问题，提升机器学习

模型效率，便成了金融科技企业的关注重点，而联邦学习则是一种解决方案。作为一种加密的分布式机器学习技术，联邦学习能够让参与各方在不披露底层数据和底层数据加密（混淆）形态的前提下，依然能通过其他各方参与者提供的信息，对联合模型进行训练，提升人工智能模型效果。联邦学习这个名字的来源也并非毫无出处，它如同搭建了一个虚拟的“联邦国家”，把大大小小的“数据孤岛”联合统一进来，这些“数据孤岛”是“联邦国家”里的一个州，既保持一定的独立自主（比如，商业机密、用户隐私），又能在数据不共享的情况下，共享联合建模成果。这种共赢的机器学习方式，有助于主体之间建立互信，进而打破数据孤岛、提升AI的应用效率，在市场监管、跨部门合作、数据隐私保护等领域，有着非常广阔的应用前景，为数据和信息共享提供了技术方案。从互联网银行实践中看，运用大数据分析和挖掘技术，截至2020年末，微众银行保持不良贷款率在1.20%，贷款拨备率5.17%，拨备覆盖率431.26%，主要风险指标优于行业平均水平，进一步验证了大数据风控能力。

三、疫情期间的数字普惠金融实践

2020年初开始席卷全球的新冠肺炎疫情一度给各国经济按下了“暂停键”，国民经济运行受到巨大冲击，生产和消费无法正常进行。当前，国内疫情已经得到了基本控制，复工复产、复商复市工作取得明显实效。值得注意的是，突发的疫情凸显出金融科技所带来的金融服务线上化、远程化、智能化的重要性，而在疫情期间，金融科技成为支撑无接触、不特定服务连接的重要基础，帮助居民、企业、政府实现了常态化有效运转，推动数字普惠金融加速发展。

1.移动支付生态圈保障居民基本生活需要

疫情期间，政府和相关部门较早采取隔离措施，降低交叉感染风险，移动支付以及围绕移动支付能力建立的生活服务圈在疫情期间起到了重要作用，保障了居民衣、食、住、行方面的基本生活需要。在疫情发生之前，移动支付已成为我国大多数民众的日常支付习惯。以微信支付为例，2020年疫情暴发初期，受疫情冲击，微信支付交易数量有所下降，但到2020年4月下旬，基本就恢复到2019年年底水平。由此可以看出，移动支付市场的成熟与发展在疫情防控期间及经济有序恢复阶段显示出了强大的韧性。

同时，以移动支付能力为基础，通过线上平台搭建的生活服务生态圈在疫情期间能够较好地满足居民日常生活基本需求。比如，在日常餐饮方面，疫情发生后，为了防止病毒传播，减少人员聚集，大量餐厅门店选择关闭。在“少出门、少聚集”的号召下，微信小程序、微信群购买食品和外卖点餐成为民众生活采购的主要方式。2020年除夕到初七，小程序生鲜果蔬业态交易笔数同比增长149%，社区电商业态交易笔数同比增长322%。

2.赋能线下企业数字化转型

在疫情期间，小微企业承受了资金紧张、供应链中断、劳动力短缺等问题带来的巨大压力。寻求数字化转型，减轻疫情带来的负面冲击成为企业必须面临的选择。金融科技从多个维度全面赋能疫情下的中小微企业，创新企业服务模式，以低成本、低门槛、快部署的特点加速各中小微企业数字化转型，助力中小微企业走出疫情困境。

长期以来，微信支付借助金融科技手段积极助力平台个体商户与商家数字化经营。从数据上看，截至2020年5月31日，微信支付“小店”交易活跃度达到历史最大峰值，较1月疫情严重期间，全国小商家环比增长2.36倍，全国小商家交易笔数环比增长5.1倍，有效助力小微商户快速实现线上线下一体化经营，找到新的营收增长点，促进实体经济复苏。

微信数据显示，线上交易占比在疫情最严重期间均有所上升。在疫情中，餐饮业线下2020年1月比2019年12月下降17.15%，而线上交易额增加66.67%，线下有力补充线上。从线上交易额占比变化看，2020年1月，餐饮、零售业线上交易占比是2019年12月的1.79倍和1.25倍，高于全国实物商品网上零售额增长5.9%的增幅，展现出线上对线下交易的敏捷补位。在疫情中总体受损最大的餐饮业，其线下转线上的需求最为显著。此外，从数据上看，零售业线上化在疫情之后仍有上扬态势，4月份，线上零售占比较2019年12月增长12%，表明疫情下基于线上零售的消费习惯有所延续，为零售企业的长期线上化营销带来新增长点（见图2）。

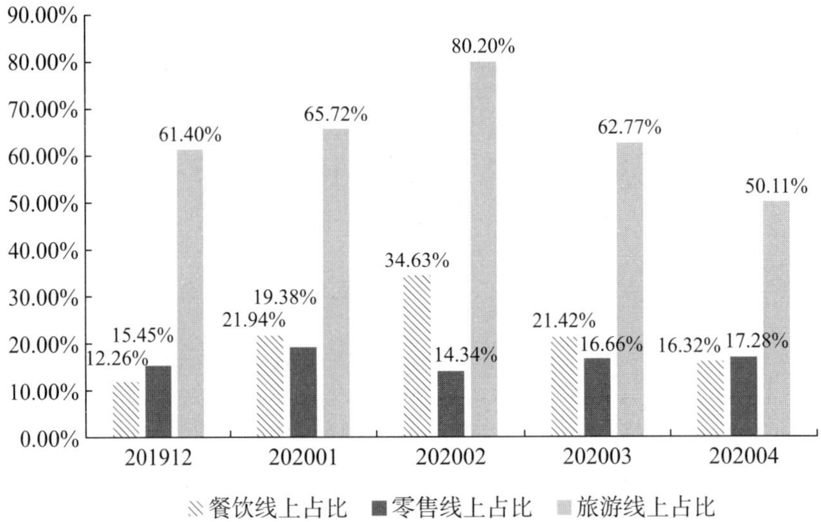

图2　2020年疫情期间不同行业线上交易占比趋势图

来源：2020码上经济“战疫”报告

从微信数字化服务平台的案例中可以看到，零售业线上线下融合的发展模式日趋成熟，各类数字化工具助推企业特别是小微商户拓展客户流量、加速资金周转、提高客户留存度及利润率，在疫情带来的极端压力情景下，线上交易却显示出了较为强劲的韧性，印证了我国经济体强大的内生动力和自我平衡能力。

3. 顺畅金融服务流程及资金支持

提高金融机构线上服务效率。疫情期间，中国人民银行、银保监会、证监会等五部委联合发布《关于进一步强化金融支持防控新型冠状病毒感染肺炎疫情的通知》，要求金融机构加强全国范围特别是疫情严重地区的线上服务，引导企业和居民通过互联网、手机APP等线上方式办理金融业务。为了保障疫情期间的金融服务通畅，腾讯云面向金融机构推出的全线上金融服务解决方案，基于实时音视频、AI等技术，将实时互动视频场景与银行业务办理系统进行有效整合，通过与“视频柜员”交互的方式，进一步将个人信息修改、贷款面签、对公开户法人面签等传统模式下需要到营业厅办理的业务转移到线上办理，同时通过视频双录、双向传输加密等技术手段做到全程留证。在监管合规的前提下，为银行解决营业网点服务受时间和空间限制的问题。与银行营业厅中VTM（远程视频柜员机）不同的是，腾讯云金融虚拟营业厅解决方案能够让银行用户在APP、小程序等移动端渠道便能呼叫银行的“视频柜员”服务，不需要再跑网点，可以极大缓解疫情期间网点人群聚集的压力。

优化供应链金融保障企业资金需求。面对疫情带来的资金缺口，供应链金融对缓解企业资金压力的作用显著。银保监会等部门密集出台通知和指导文件，推动各类市场主体运用供应链金融等融资方式扩大对中小企业的融资供给，保障企业复工复产的资金需求。在腾讯云的供应链金融智慧服务平台模式中，大数据、云计算、人工智能、物联网、区块链等金融科技能力得以有机结合，应用在贷前风险评估、贷中资产审核、贷后运营监管等供应链业务全流程，覆盖供应链应收融资平台、区块链多级流转平台、物联网电子仓单平台、大数据产业风控平台四大场景。为银行、大型核心企业、金控集团、金融担保公司、保理公司、财务公司、融资租赁公司等供应链金融链条中的各类主体提供保理融资、多级债权流转、仓单质押、产业风控等全方位供应链金融服务。在疫情期间，各类市场主体能够基于供应链金融平台，完成企业线上认证、线上签约，业务资料线上传递，实现非接触式业务办理。

四、金融科技更好服务普惠金融的建议

大力发展普惠金融，有利于促进金融业可持续均衡发展，助推经济发展方式转型升级，增进社会公平与和谐，是我国决胜全面建成小康社会的必然要求。借助金融科技推动普惠金融发展既是金融业未来的发展方向之一，也是金融业切实践行社会责任的题中之义。展望未来，应紧密围绕国家数字普惠金融战略布局，积极发挥金融科技的引领力，借鉴数字普惠金融已有的成功实践，进一步拓宽普惠金融的产品和客户覆盖范围，让便捷、安全、高效的金融产品和服务惠及百姓民生。

一是围绕数字普惠金融的新要求完善监管规则，确保行稳致远。金融科技的发展虽然伴随风险，但其发展潜力是无限的，尤其是在服务数字普惠金融方面价值更加突出。只要理性把握金融科技的前景与机遇，合理利用好信息技术，正确规避风险，就可以在未来进一步感受到金融科技带来的更加便捷的体验。在我国数字普惠金融发展呈现出服务主体多元、服务覆盖面较广的形势下，对基于金融科技产业的新兴模式，形成适应于我国数字普惠金融发展现实情况的审慎监管规则，在兼顾鼓励创新的同时有效防范风险，确保行稳致远。

二是鼓励有资质的金融科技企业在更大范围开展试点，完善数字普惠金融覆盖面。当前，以云计算、区块链、人工智能为代表的前沿技术逐渐席卷全球金融科技产业，在客户身份验证、交易处理、欺诈识别等领域的应用前景广阔。我国可借鉴部分国家较为成熟的“监管沙箱”经验，在风险可控、依法合规的条件下，鼓励企业围绕数字普惠金融领域难点、热点领域，如智慧理财、消费金融和小微企业贷款，积极探索尝试新兴技术应用，在小范围内开展试点示范，加强实践验证，推动改革创新，加快相应领域的自主研发和创新能力，进一步提升新兴技术赋能于人、赋能于金融服务、赋能于经济结构转型的潜在动能。

三是持续提高金融基础设施建设水平，为普惠金融长远发展奠定坚实基础。普惠金融涉及数亿个人、上千万户小微企业，金融基础设施建设水平的提升，将在极大程度上改善数字普惠金融发展整体环境，引导各类市场服务主体延伸普惠金融覆盖的广度和深度。建立健全现代化支付体系，改善农村支付服务环境，支持农村支付服务市场主体多元化发展。拓宽多元化信用信息收集渠道，培育面向小微企业和农民的征信机构，通过数字技术和网络平台，实现信用信息的数字化管理。加大对ICT基础设施的投入，提高网络连接的质量和稳定性，特别是偏远地区、农村地区的网络质量。

四是加强普惠金融服务主体与利益相关方的深度互动，协同推进。加强金融科技企业与中央银行和其他监管机构之间的交流与合作，搭建政府与市场之间有效的政策传导和信息反馈桥梁。深化政府和企业多层面合作机制，与其他国家和地区以及世界银行、全球普惠金融合作伙伴组织等国际组织进行积极交流，探索多形式、多领域的双边或多边示范性项目合作，提升我国普惠金融国际化水平。目前，全球金融科技产业仍处于发展初期阶段，且国别发展存在显著差异，中国金融科技企业有望借助不断释放的政策红利，充分累积市场实践经验，实现数字普惠金融价值输出，赢得国际层面的竞争优势。

五是大力培养创新型金融科技人才，持续提供复合型智力支持。为落实大数据国家战略，2012年3月，美国联邦政府明确制定了大数据研究和发展倡议，全面支持大数据技术研发和应用。这就为美国金融科技创新提供了坚实的人才基础、资金支持和政策保障。英国、欧盟也围绕开放数据制定了大数据相关战略。从这些倡议或战略内容来看，人才队伍的建设都是金融科技创新的重要组成部分，全面的教育培训战略对金融科技产业发展至关重要，这也启示我们要继续壮大人工智能、大数据、区块链等前沿技术领域人才队伍，并加强金融与技术复合型人才培养，形成产学研相结合的联合培养机制。

郭为

神州信息董事长

第14讲

“新思维开新局”

——用新思维建设新基建、新金融、新安全

告别艰辛多舛的2020年，我国率先走出新冠肺炎疫情阴云的笼罩，在经济发展、社会生活和防疫治理各方面都交出亮丽的答卷，然而世界地缘政治版图和全球竞争格局急剧而激烈的变化向我们提出了严峻的考验。后疫情时代，面对国内外环境深刻而复杂的变化，党的十九届五中全会高远务实地擘画了我国“十四五”时期与面向2035年的社会经济发展蓝图，并提出把科技自立自强作为国家发展的战略支撑，由创新驱动高质量新发展。在建设科技强国、布局新型基础设施、提升金融科技水平和增强金融普惠价值的过程中，企业应该以新思维推动金融创新，满足新时期发展需要，同时坚持总体国家安全观，助力经济社会发展开新局，向第二个百年奋斗目标前行。

刘鹤副总理撰文《加快构建以国内大循环为主体、国内国际双循环相互促进的新发展格局》提出，新发展格局是适应我国经济发展阶段变化的主动选择，是应对错综复杂的国际环境变化的战略举措，是发挥我国超大规模经济体优势的内在要求。新基建基于新发展理念，更加注重调结构、促创新和补短板的长期社会效应，一旦在新一轮全球科技革命和产业革命中建立先发优势，将抢占未来产业发展主动权。

一、新基建：新演进孕育新机遇

基础设施是经济社会运行的基础，很大程度上决定着经济社会发展的水平和质量。近百年来，无论中外，基础设施建设的大规模实施无不伴随着产业升级与经济的跃进发展。回首我国经济崛起之路，正是统一的、大规模的交通运输和物流网络的建设，配合城镇化带来的人口聚集，让中国作为“世界工厂”成为全球产业分工链条上不可或缺的一环。数字经济的发展改变了经济社会生活的形态，从接触消息互联网到运用商业互联网，再到创造价值互联网，经济社会各方正通过数字化的互联互通形成有机的生态整体，数字基础设施向“云”的转变成为经济社会发展的趋势。

数字经济时代，基础设施支撑经济发展的外延效应更为明显。与传统基础设施建设相比，新基建是构建新发展格局的核心，发力于科技端的基础设施建设，具有更强的发展空间与带动效应。2021年是“十四五”开局之年，中央经济工作会议指出，要实现重要产业、基础设施、战略资源、重大科技等关键领域安全可控，增强产业链供应链自主可控能力，信息技术创新应用产业发展将成为加快发展现代产业体系，推动经济体系优化升级的重要力量。2020年4月，国家首次明确“新基建”的概念与范围，新型基础设施是以新发展理念为引领，以技术创新为驱动，以信息网络为基础，面向高质量发展需要，提供数字转型、智能升级、融合创新等服务的基础设施体系。新型基础设施建设主要包括三方面内容。

一是信息基础建设。基于新一代信息技术演化生成的基础设施，如以5G、物联网、工业互联网、卫星互联网为代表的通信网络基础设施，以人工智能、云计算、区块链为代表的信息技术基础设施；以数据中心、智能计算中心为代表的算力基础设施等。2020年11月23日，工信部副部长刘烈宏在世界互联网大会上披露5G通信已建成70万个基站、终端连接数超1.8亿；2019年中国云计算市场规模达1334亿元，增速38.6%；同年人工智能核心产业规模超过510亿元，新技术的发展实现了万物互联。**二是融合基础设施**。深度应用互联网、大数据、人工智能等技术，支撑传统基础设施转型升级，进而形成的融合基础设施，如智能交通基础设施、智慧能源基础设施等。经测算，至2025年，5G网络、人工智能、工业互联网、物联网、数据中心、云计算、固定宽带、传统基础设施数字化智能化升级等重点领域投资总规模将达到17.6万亿元，年均增速约为23.39%[①]。**三是创新基础设施**。支撑科学研究、技术开发、产品研制的具有公益属性的基础设施，如重大科技基础设施、科教基础设施、产业技术创新基础设施等。从重大科技基础设施来看，我国已发布《国家重大科技基础设施建设中长期规划（2012—2030年）》，明确到2030年基本建成布局完整、技术先进、运行高效、支撑有力的重大科技基础设施体系。

新基建是数字经济的重要载体，不仅是稳增长、促创新的发力点，在推动经济新旧动能转换过程中力推传统产业升级，还是经济

① 资料来源：《数字经济时代的新起点——2021新基建投资方向新解》，西南证券研究报告，2021.

高质量发展的加速器，其根本在于“新科技”的发展。一是信息网络高速、移动、泛在互联正在发展并向传统基础设施渗透延伸，形成万物互联、数据智能的新型基础设施，实现以信息流带动技术流、资金流、人才流、物资流，在更大范围优化资源配置提升效率。二是新型基础设施支撑数字经济的蓬勃发展，推动数字经济和实体经济深度融合，蕴含巨大的发展潜力。三是以新型基础设施为载体，新一代信息技术将加快与先进制造、新能源、新材料等技术交叉融合，引发群体性、颠覆性技术突破。

基础设施的重构和演进呈现出面向云原生环境、数据要素全面融入经济社会、应用场景产生融合创新的新特征。

（一）云计算成为基础设施的核心架构，孕育基于云原生环境的企业与组织

2020年受新冠肺炎疫情影响，全球数字化需求暴增，企业上云成为企业可持续发展的必然路径。如何围绕新基建加速云基础设施建设、专注解决客户需求、打造云上丰富应用生态，成为金融科技企业发展的全新议题。新基建将极大地推动中国“数字基础设施化”以及“基础设施数字化”，金融科技行业需在产业运作模式上不断演进，促进现有基础设施的数字化改造和升级。在信息化、云计算、人工智能三波技术浪潮一齐涌来的当下，企业上云的迫切需求已经全面暴发。打通企业上云的“最后一公里”，既要有大型云厂商提供

底层资源，也要有像神州数码这样的云及数字化服务商，在资源、渠道与企业之间打造一个良性循环的通道，彻底打通“最后一公里”的服务瓶颈，真正推动行业、社会的数字化转型。

云计算在技术开发、组织进化和商业模式方面都充分适应大规模颠覆性技术创新和价值创新的需求。以数字货币创新为例，随着金融科技的发展，在价值互联网络环境下，支付即结算已经被广泛应用，对传统企业的资金、交易和结算模式产生了颠覆式提效。云基础设施从单云架构向多云架构的发展，成为未来企业创新的主流趋势，以承接更多层面的技术和价值创新需求。2020年，神州数码在取得2019年中国第三方云管理服务市场份额第一的基础上，云及数字化相关服务依然实现高速增长。其中，神州数码的专业MSP服务已在多云架构下发挥出更为独特的技术和价值优势。疫情期间，神州数码充分发挥专业云服务的技术优势和无私奉献精神，持续服务抗疫工作，有效助力区域健康码及城市防疫工作。

数字经济时代，以云为特征的信息基础设施重构和演进是当下最重要的技术发展课题，5G、IoT都是云技术的一种演进过程，云会向更便利、更有效的方向持续发展，带来巨大的商机和创新的机遇。因此，多云架构下的专业服务与创新也将成为未来重要的挑战方向之一。云计算和分布式架构等技术能重塑数据计算和存储的基础设施，以其广泛接入、资源共享、弹性收缩的特点为大数据提供了强大的计算和存储能力，保证数据要素的安全可靠存储和计算。

（二）数据要素成为数字经济基础设施发展与创新的主要能动引擎

数据作为一种新型基础设施其价值将随着数据要素全面融入生产关系被不断放大。中央明确指出要加快培育数据要素市场，推进政府数据开放共享，提升社会数据资源价值，加强数据资源整合和安全保护。数据已经从通过科学计算解释客观世界的规律，发展到今天颠覆商业分析、解决形形色色的商业问题，并且正在试水社会管理，通过海量数据形成一手的社会调查材料。形成具有流通性的数据要素，不能局限于单一组织、单一场景和单一用途，需要打通数据孤岛，从数据采集、数据整合、数据治理、数据建模到数据应用，实现数据要素的透明化、规范化、标准化和平等化，推进跨行业跨场景数据要素在安全合规前提下的汇聚、融通创新，利用大数据发现新的规律及新的认知，以通用化接口等技术方式应用并服务于经济社会发展需要，解决各种社会管制难题，需要以系统性视角审视数据要素的投入，推动数据要素价值释放，带动经济社会变革，成为数字经济发展的核心主线。以农业数据为例，2020年1月20日，农业农村部、中央网信办联合印发了《数字农业农村发展规划（2019—2025）》（以下简称《规划》），《规划》提出，我国农业将在2025年经历科技转型；2035年农业生产将全面实现数字化；2050年农业信息化将渗透到农业全过程、全要素、全系统，实现乡村全面振兴。其中，构建农业农村基础数据资源体系是重点工作，目前，农业发展方面存在的最大的问题是缺乏数据储存，单品数据和整体农业数据都存在零星、分散存储问题，农业数据资产的价值也无法最大化，最优的解决方式是通过成立国家级农业农村大数据平台，对农业数据进行抽取，获取数据价值。

数据作为生产要素介入经济体系，并以其可复制、可共享、无限增长、无限供给的禀赋和边际成本几乎为零的特点，成为连接创新、激活资金、培育人才、推动产业升级和经济增长的关键生产要素。

现代科学的发展史就是人类认知曲折进步的记录，全域数字化的进程使“大数据”脱颖而出，为人类接近真理、重新发现和认识世界提供了新的路径和可能。可以预见在未来的一段时间内，人类认知科学的创新，必然是基于云和大数据的颠覆式创新。大数据带来的颠覆性在于，它不仅仅是算力的运用，更重要的是如何采集数据、如何进行数据建模、数据治理、数据应用，并且实现数据安全。这一系列技术的产生和发展，将会产生颠覆性的价值。比如，能源互联网，仅仅进行物联网和数据化是不够的，必须通过数据的再认知去发现新的规律，然后用新的规律去重构我们原有的能源利用结构和商业模式，这才是今天对大数据的正确认知。大数据使人类可以重新认知世界、认知社会，而驱动大数据应用持续拓展的人工智能、区块链等新技术创新的过程也是人类对世界的再认知过程，都将极大地推动人类的进步和知识创新。

区块链技术作为我国核心技术自主创新的重要突破口与国家战略，其不可篡改性、可追溯性、数据安全性、可信任性，能将相互之间不信任的节点连接在一起，实现信任机制的传递，比如，在场景应用中可保证链上企业信息的真实性，实现整合政府、企业、金融机构多方信息共享，打破数据孤岛，构建智能生态圈，目前区块链在各行各业的探索应用正从基础研究向成果转化加速落地。神州信息发布的区块链技术平台，以开箱即用的特性帮助行业客户轻松建链，覆盖金融链、农业链、城市链、产业链等领域，支持场景开发、生态构建、产业升级的发展，以信任为链，助力经济的数字化转型、价值重塑。如在重存证和溯源的业务场景中，新基建能够基于区块链实现以数据存证确立产权，并在后续数据流转过程中追踪数据的分享传播，保护产权，结合人工智能、大数据等技术加强数据应用业务的监管能力，进一步保障在新基建中数据要素的合规应用。

（三）场景融合创新成为新型基础设施建设的必然趋势

数字经济构建了强大的算力、汇聚了丰富的数据、具备了成熟的算法，经过业务应用的融合，创造出新场景、新市场和新产业，并进行全面的融合。基于场景的业务与技术深度融合与创新，不断改变现有的商业价值，实现全球商业价值的重构，创造新模式、新价值。

举例来说，电子商务是消费场景的融合创新、法定数字货币是面向支付和金融普惠的融合创新、智能仓储运输是物流场景的融合创新、智慧城市则是社会管理的融合创新。面向行业、场景深度融合创新的新基建也将托举金融领域迎来相应的行业变革和应用升级。神州信息以新技术应用赋能，提升农业扶贫效率，解决传统扶贫模式的痛点难点。比如，与洛川县政府共同搭建苹果大数据平台，采集洛川全县种植户、果园、用工、投入、果库、合作社、专卖店等七类基础数据312万条，为果农、企业等主体提供精准权威的数据，面向市场提供系统化的信息服务，助推苹果产业高质量发展。

经过20多年的行业数字化实践，我们认识到数字经济将面临三个颠覆式创新：一是以“云”为代表的信息化基础设施的重构；二是基于大数据的知识认知的重构；三是应用场景和现代技术结合所带来的融合创新。

二、新金融：新范式服务新需求

“新金融”范式下，习近平总书记提出的金融发展理念，明确了金融安全是国家安全，金融的本质是服务实体经济。金融安全一方面通过技术手段保证整个金融体系的安全，另一方面保证人民币的安全稳定和繁荣。2020年10月21日，银保监会主席郭树清在金融街论坛上的讲话中提出要全面增强金融的普惠性：（1）所有金融机构都须抓紧数字化转型；（2）进一步加强和改善监管，引导金融资源流向经济社会发展的薄弱领域，提高金融服务可得性，通过科技赋能，降低服务成本，使广大人民群众能够均等占有金融资源，享有优质金融服务。

当前，大数据、人工智能、区块链技术在反洗钱、反欺诈、二代征信报送和查询、智能投顾等方面的应用已经十分成熟，在银行总部和网点的应用也已经形成多层次的智慧银行体系。金融系统自身能力的建设正在通过全方位的国产替代和自主可控走向成熟，越来越多的金融科技企业根据各自的资源禀赋推出功能特点各不相同的金融系统支持产品。如依托金融科技，完成智慧信用模型构建、公共信用综合评价结果计算及可视化展示等目标，并利用人工智能技术优化校验评价结果，推送至政府相关部门业务系统，支撑各部门运用评价结果，开展信用分级分类监管。再如依托人工智能，对公共数据及仓储物流、财务业绩、产品结构等经营数据进行挖掘分析，对中小企业进行多维度画像，梳理关系网络、搭建标签体系、量化信用评级，以此为基础，构建起智能匹配引擎，形成“千企千面”的产品体验。

在服务客户、促进经济发展方面，以数据信息技术为支撑，银行的资源可以更好地向金融服务覆盖不足的农户、小微企业倾斜。如以大数据、人工智能、区块链为核心技术驱动，推进农业数字化，并构建完善的农业金融服务体系，以金融赋能三农，全方位促进产业高质量发展及推动整个数字农业农村的发展。我国乡村基层的基础征信系统薄弱，金融基础设施匮乏，融资难融资贵等问题导致金融资本难以介入农业和基层制造业的生产过程，这是解决三农和扶贫问题的重要痛点之一。在信息数据技术应用于农业和制造业的现代化过程中，新金融有着非常重要的使命，将为金融与资本流向基层农业和制造业打造合适的基础设施和新的行业范式。金融科技服务企业已经可以通过“银税互动”“银农直连”“生物资产抵押”“单品大数据助贷”等解决方案，将有价值的企业税务、农业场景和数据导入银行的解决方案，为银行和信贷机构提供关于农户和中小微企业的风险评估报告，减少贷款环节和借款人的抵押担保负担，助力银行资金流向金融基础设施欠发达的地区和产业，解决小微、农户融资“最后一公里”的难题。

神州信息作为行业领先的金融科技企业，以大数据、人工智能和区块链赋能行业数字化，打造产业融合新生态。神州信息除借助三农金融大数据平台向农户、企业提供常态化的农产品生产及市场价格信息外，还基于全产业链数据，联合当地金融机构创新金融服务及产品，为解决农户和商户融资问题提供了新的思路，比如，联合地方农村商业银行，开展基于区块链的仓单质押的惠农业务，通过供应链物流对入库的货物进行监管，获取数据，帮助地方农商行向农户及商户发放贷款。在种植业领域，神州信息通过“苹果+期货+保险+银行”创新模式，为信贷机构提供风险评估报告，解决陕西果农贷款难题，已帮助洛川5600户果农获免担保、无抵押贷款3.9亿元，引领中国苹果产业转型升级，是农业农村部推进“单品种全产业链农业农村大数据”的重要实践。在生物资产领域，神州信息与杨凌管委会、杨凌农商行、中国人保、中航安盟、西北农林科技大学、内蒙古农业大学等生态伙伴携手，以生猪浮动抵押贷款为试点，探索“生物资产抵押品动态评估”模式，通过动态评估其生物资产，根据评估值和新型农业经营主体流动资金缺口追加信贷资金支持，彻底解决新兴农业经营主体的生产经营资金瓶颈，已实现陕西杨凌和周至等多地成功放款，该模式还可在牛羊等其他养殖业复制推广。

随着数字货币战略上升至国家层面，神州信息近几年也在研究数字货币，关注数字货币在普惠金融领域的应用，在金融欠发达地区的人民可以通过中央银行数字货币钱包购买相应的中央银行数字货币的理财产品，同时政府向金融不发达的地区发放专项补助时，能够更加便捷和精准地完成扶贫推广和实施。数字货币无须第三方机构协助的特征，也将改变及孕育新的商业形态，以迭代创新推动经济社会的更大发展。目前，神州信息已自主研发推出数字钱包系统，参与国有大行DC/EP测试，帮助多个银行完成数字货币系统对接。

三、新安全：新突破解题新格局

2019年，中国人民银行印发《金融科技（FinTech）发展规划

（2019—2021年）》中提出牢固树立安全发展理念，把安全作为金融科技创新不可逾越的红线，以创新促发展，以安全保发展，借助现代科技成果提升金融风险防控和金融监管效能。“十四五”规划首次提出的“把安全发展贯穿国家发展各领域和全过程”重要论述，更是把金融等各行业对安全的认识提升至战略高度。新安全属于新基建的题中之义，构建新发展格局，须统筹发展和安全，保证建设成果可以基业长青、历久弥新。新的安全观，须以新思维寻找新路径，未雨绸缪、主动防范化解风险，以主动安全与被动安全相结合的方式来替代传统的被动安全。

数字经济时代，新技术自身存在的安全脆弱性需引起警戒，2019年中国数字经济规模达到35.8万亿元，同比增长15.6%，占GDP的比重为36.2%，传统产业数字化转型伴有的新安全挑战不断增加。在中美贸易摩擦背景下，大国竞合博弈加剧，网络安全已逐步形成国家间对抗的重要方面。后疫情经济下，全球网络安全产业加速变革，针对跨境电商、远程医疗、网络欺诈等网络安全攻击频频出现，尤其针对数据安全与个人信息隐私保护风险甚高。2020年12月，公安部网络安全保卫局提出金融科技行业的互联网企业应积极落实国家法律法规对网络安全方面的工作要求，并依据国家网络安全保护制度要求、关键信息基础设施安全保护制度要求，加强网络安全的防护。

在新安全层面，网络安全与数据安全在国家发展战略中至关重要，但二者的意义却不相同。数据安全建设和防护目标是在系统自身安全防护标准基础上，基于数据分类分级管理、敏感数据访问控制、外泄的安全监控以及数据在传输和存储过程中的加密管理，实现数据生命周期的安全管理，保证数据和信息不被非授权访问、篡改或破坏等，从而确保数据的保密性、完整性、可用性。

（一）新基建以网络安全为基础，世界格局的快速变化促使安全具有重要的战略意义

从棱镜门到贸易摩擦，再到实体清单和科技封锁，国家和行业面对不稳定的外部环境，须自主创新、做到安全可控，发展自主研发芯片体系、操作系统、云架构和算力平台。新的信息化社会，政务、经济、市民生活等越来越多的领域将IT系统部署在云端，多云管理架构下，面向场景、服务数据、基于零信任框架的全栈式安全应用等都是新安全应用的重要突破方向。

首先，多云模式将成为最广泛的新型基础设施应用方式，允许企业兼顾稳态业务与敏态业务的需求，发挥公有云强大的弹性用于计算、存储等，同时将核心隐私性的数据放到私有云中处理，保障其安全性。

其次，未来企业构建异地、异构、异芯片的多云平台及混合云管理服务体系也将成为明确的资源管理趋势。通过支持海量异构设备分布协同、自适配迁移的云管理技术，保障包含从CPU、操作系

统、数据库到应用软件等全体系的安全可靠。

最后，在技术革新底层，越来越多的安全技术和产品已应用于社会生产和生活的多个领域。如神州信息在以下新技术领域的场景应用：一是四合一集成生物识别技术，将人脸、虹膜、手掌静脉和指纹四种生物特征的识别集成在一个芯片上，实现百万级样本100%识别，优于人脸识别技术，可应用在远程银行及零接触金融等业务场景。二是量子通信技术与行业场景深度融合，护航网络信息和数据安全，研发出分布式量子SaaS平台、量子增强安全服务平台、量子VPN身份认证平台及量子加密即时通信等产品，开展金融、政务、互联网、电力、电信、物流等重点行业应用，并提供跨地区、跨行业、覆盖全国量子通信建设运维专业服务。三是数据脱敏技术通过数据变形对客户的敏感数据进行处理，降低其敏感程度，可有效减少敏感数据在采集、传输、使用等环节中的暴露，降低敏感数据泄露的风险与危害，同时最大限度保证数据可用性及可挖掘价值，尤其适用于金融领域的风险管理、客户分析和大数据赋能应用。

（二）数据安全与合规是新安全工作中重中之重

数据具有增值性、流动性和复杂的权属性等特性，在数据安全防范过程中需从标准规范、生产过程等各方面进行考虑。首先，在参与生产过程中，数据在组织内部进行汇聚融合、向监管单位提供数据、与第三方交换共享数据、数据服务外包、数据跨境传输等应用场景，不同的应用场景可能带来新的安全风险，增加了数据安全保护的难度。例如在大数据时代，业务会面临海量用户和交易的不定时冲击，带来海量数据的吞吐处理需求，对海量、异构、多维数据的存储和处理难度大，因此在海量数据治理困难情况下，对分析过程中新产生的数据无法及时制定开放共享政策，使开放共享过程中出现非合规开放共享，导致数据泄露或被滥用，很可能给客户甚至国家带来巨大损失。再如共享过程中，数据已经脱离所有者的控制，数据追踪溯源技术并不成熟，无法跟踪数据的最终去向和使用情况，使数据处于失控状态，以及由于数据脱敏技术不成熟，脱敏后的数据会改变数据间原有的关系，降低数据价值。

其次，个人数据管理的核心问题是隐私保护，数据产品可能给个人、组织和国家带来安全风险。由于数据产品是基于用户的个人信息或者其他社会数据开发出来的，目前既缺乏数据总体的相关法律法规和标准规范对数据产品的开发进行指导和约束，又缺乏数据产品相关的检测评估机构和检测技术手段，在数据产品上市交易前没办法对其可能带来的安全风险进行评估。2019年，在金融行业领域，相关数据保护法规《个人金融信息（数据）保护试行办法（初稿）》和《金融消费者权益保护实施办法（征求意见稿）》陆续出台，旨在规范数字经济下个人用户金融信息数据的收集与使用。

再次，金融科技企业在数据生产与运用过程中的数据合规操作，其目的不是应对与呼应执法部门，而是绿色使用数据，在数据的基础上创造更大的企业价值和社会价值。因此，数据合规是数据应用方创造价值的必要条件。

最后，金融科技企业应密切关注上级主管部门的监管动态，同时跟进《中华人民共和国网络安全法》提及监管机构对数据跨境传输、重要数据保护等待定领域的最新动态。

四、思考与建议

2021年1月28日，习近平总书记在中共中央政治局第二十七次集体学习时强调完整准确全面贯彻新发展理念，坚持创新、协调、绿色、开放、共享的整体理念，以确保“十四五”时期我国发展开好局。2021年是我国发展历程中非常重要的转折点，要坚持创新驱动发展，全面塑造发展新优势，推动数字中国建设，促进经济社会发展开创新局。当下，我们身处这样的潮流，看到了走进世界技术前沿梯队的发展机遇，对创造一个更具科技感、更有温度的未来跃跃欲试，希望把20年来的实践积累和对未来发展的思考应用于我国金融科技产业的发展中。新技术发展的魅力在商业和社会应用领域中可撬动更宏大的创新与变革。因此，“新基建”“新金融”“新安全”是我国长远发展的关键点、新动能。

（一）认知科学的创新，是基于云和大数据的颠覆式创新。在认知科学创新中，大数据或数据科学的创新作用非常重要，在数据采集、治理、分析、建模、应用、安全方面存在巨大创新机遇。

（二）思想认识的提高，是基于系统的认知和进化和对复杂系统不确定性的认识。比如，大数据技术背后很重要的一个原理就是量子力学——在不确定、变化的过程当中，如何做一个确定的决策机制。以新思维模式在不确定、变化的过程当中，审视当下全球的发展，以更好地发挥金融科技企业的本职效能。

（三）新基建环境下快速迭代一系列创新技术，在数字经济和云时代成为云、大数据及融合技术应用领域的领先者，在丰富业务场景下推动守正创新。同时警惕在新基建环境下，融合技术应用中跨平台跨业务带来的系统性风险，如用户身份安全管理，当用户身份在某一平台泄露，将导致用户身份在很多其他平台中都出现被盗用的安全隐患，对企业来讲，泄露自身信息则会给企业带来灾难性的冲击。

（四）新金融时代下主权货币的安全、稳定和发展是重要战略方向，应贯彻习近平总书记讲话精神，保障金融安全和国家安全，推动金融服务实体经济。

（五）面向基于主动安全的新安全应是金融科技行业未来的发展方向，真正实现我国技术创新下的总体新安全。

（六）在解决现有网络安全问题的基础上，还应关注新基建中某个单点所带来的衍生安全问题，并寻找合法合规的方式使其存在并得到深入发展。

（七）数字经济推动下，创新、协调、绿色、开放、共享的新发展理念指引下，不同产业、不同行业相互合作，以科技创新驱动产融结合、融通创新，将助推新时期经济社会发展开新局。

第15讲

创新数据基础设施，共建金融数字化未来

周跃峰

华为公司副总裁

近年来，随着金融行业数字化转型的不断加速，金融科技正成为金融机构竞争的利器，各家金融机构也纷纷加快了科技研发的节奏。在疫情期间，数字化水平领先的金融机构在抗风险、敏捷协同和市场反应效率方面都交出了“高分答卷”，通过持续提供数字化渠道和无接触式服务，让客户可以正常使用各种金融服务。目前，金融行业正面临着一个重大机遇，利用新基建来重新定义自身的IT基础设施，实现内部流程和工作流程的数字化和移动化，从而更好地处理和管理数据，并据此提供更加个性化的服务和产品。数据基础设施是传统IT基础设施的延伸，它以数据为中心，让数据存得下、流得动、用得好，实现数据要素价值最大化。华为利用自身在数据存储、传输和安全等方面的技术优势，以用户需求为导向，积极参与数据基础设施建设，为金融行业数字化转型贡献力量。

一、金融新基建面临的机遇与挑战

习近平总书记在2020年11月举行的二十国集团领导人第十五次峰会第一阶段会议上说：“疫情激发了5G、人工智能、智慧城市等新技术、新业态、新平台蓬勃兴起，网上购物、在线教育、远程医疗等‘非接触经济’全面提速，为经济发展提供了新路径。”面对突如其来的新冠肺炎疫情，银行业金融机构率先推出“非接触式银行”服务，助力疫情防控和经济社会恢复发展。尤其是在疫情防控期间，用户数字化需求呈现爆发式增长，倒逼银行业加快数字化转型，提高应对疫情防控的快速反应能力，不断优化丰富“非接触式服务”，为客户提供安全便捷的“在家”金融服务。

《中华人民共和国国民经济和社会发展第十四个五年规划和2035年远景目标纲要》提出，“迎接数字时代，激活数据要素潜能，推进网络强国建设，加快建设数字经济、数字社会、数字政府，以数字化转型整体驱动生产方式、生活方式和治理方式变革。充分发挥海量数据和丰富应用场景优势，促进数字技术与实体经济深度融合，赋能传统产业转型升级，催生新产业新业态新模式，壮大经济发展新引擎”。企业数字化转型升级的本质是以数据信息流试错取代技术流、资金流、人才流、物资流的试错，从而降低试错成本。金融行业要积极发挥数据作为关键生产要素的作用，以数据优化资源配置，促进全要素生产率提升，为推动创新发展、转变经济发展方式、调整经济结构发挥积极作用。

2005年到2019年间，中国数字经济总体规模由2.6万亿元增加至35.8万亿元，数字经济在GDP的占比也由14.2%提升至36.2%。“新基建”本质上是数字经济的基建。过去的基建是路网和电网的覆盖，新基建时代的“路”就是以5G、全光通信、物联网等技术为代表的联接技术，“电”就是以云计算、数据存储、人工智能等技术为代表的计算技术。虽然突如其来的新冠肺炎疫情，给经济社会发展带来了严重影响，但同时也为数字化转型、为新基建按下了快进键。金融行业数据积累多、数据存储量大，应抓住历史机遇，开展“金融新基建”建设，充分释放数据要素价值，加快数字化转型升级，让运营模式更加数字化、个性化，从而更敏捷地响应市场变化，为客户提供千人千面的个性化服务。

在个人金融服务领域，金融机构可以基于多维度的客户数据构建出包括客户特征和客户需求在内的客户画像，丰富客户能够获得的金融服务，构建数字化运营体系。近年来，零售业务逐渐成为商业银行的战略中心和市场竞争的焦点，各家银行纷纷发力，试图确立其在该领域的领先地位。工商银行自2014年初开始实施“大零售”战略，并在2020年7月正式发布“第一个人金融银行战略”品牌体系；建设银行在2017年正式确立零售优先战略；中国银行在2019年重整个人金融业务条线组织架构，组建个人数字金融部，强调以数字化转型助推个金业务发展。四大行在零售金融领域的竞争，正在持续升级，通过对客户在场景金融中各类活动数据的分析，不断提升服务的质量，感知客户需求，完成服务升级。

在对公金融服务领域，金融机构可以通过万物智联实现客户商流、物流、信息流和资金流的一体化匹配，为客户建立完整的数字信用体系，通过精准滴灌的形式，赋能中小企业，支持实体经济发展。金融是实体经济的血脉，为实体经济服务是金融的天职。金融机构对中小企业贷款意愿低，关键是缺乏足够的数据，难以对其进行全面的风险识别和评判。金融新基建通过大数据技术搭建社会信用体系，整合政府、企业、金融机构和第三方数据，进行海量非结构化数据的存储和分析。经过清洗、挖掘和分析治理之后的数据可以更全面地反映企业的信用水平，大幅度降低征信成本，最终构建低成本的社会经济信用体系，从而解决中小企业融资难问题，推动实体经济高质量发展。

金融新基建要充分释放数据要素的价值，真正发挥数据赋能作用，也面临一些挑战，主要体现在以下三个方面：

第一，数据安全。

金融业务属于敏感业务，金融数据作为国家基础数据，一旦泄露或被窃取，将带来严重的不可控风险。金融机构在开展业务和对大数据进行开发利用时，数据自身安全非常重要。《网络安全法》及《关键信息基础设施安全保护条例（征求意见稿）》要求公共通信和信息服务、能源、交通、水利、金融、公共服务、电子政务等重要行业的关键信息基础设施对重要系统和数据库进行容灾备份。但是目前金融行业多数关键业务未建设数据保护系统，以银行为例，大行、股份制银行部署两地三中心比例不到50%，城商农信比例更低，不到20%。

第二，数据孤岛。

随着互联网发展和金融科技的兴起，数据来源也已从传统的结构化数据逐渐扩展到以网络日志、社交媒体、电商渠道为代表的半结构化或者非结构化数据，金融行业数据量呈现几何级数的爆发式增长。由中国互联网金融协会发布的《金融业数据要素融合应用研究》显示，55%的受调研银行数据孤岛问题较严重。造成数据孤岛的原因一方面是由于缺乏数据共享协同机制，各部门机构按照各自的模式进行数据的收集、统计、整合、分享，数据标准和数据接口不一，难以进行互联互通，阻碍了数据的开放共享；另一方面，金融数据涉及用户个人隐私或机构商业秘密，未经数据所有者许可，存在法律风险，金融机构不敢贸然进行数据共享。

第三，数据治理。

在向数字化快速转型的同时，金融行业数据治理还面临着一些挑战和不足，包括数据整合度不高、数据标准度不高、数据应用难、数据治理人才储备不足等。《金融业数据要素融合应用研究》显示，调研银行数据治理能力的自评估总体得分为3.03分（满分为5分），地方中小银行得分为2.80分，还有很大提升空间。

二、积极拥抱Fintech，把握机遇、应对挑战

金融科技Fintech一词最早是花旗银行1993年提出，由Finance（金融）+Technology（科技）合成而来。根据金融稳定理事会（FSB）

2017年发布的《金融科技对金融稳定的影响》，金融科技是指技术带来的金融创新，能够产生新的商业模式、应用、流程或产品，从而对金融服务的提供方式产生重大影响。中国央行《金融科技（FinTech）发展规划（2019—2021年）》也参考了上述定义，指出"金融科技是技术驱动的金融创新，旨在运用现代科技成果改造或创新金融产品、经营模式、业务流程等，推动金融发展提质增效"。

第一，积极拥抱Fintech，围绕数据构建ABCDMIX能力。

按照《BANK 4.0》作者布莱特的总结：Bank 1.0时代，是以银行物理网点为基础的银行业务形态；Bank 2.0时代，以ATM为代表的机具使银行能够全天候为客户提供服务，满足客户多样化需求；Bank 3.0时代，银行可以通过各类APP让客户随时随地获得银行服务。BANK 4.0时代将是无感知智能银行时代，银行服务无处不在。在数字经济时代，科技赋能金融业务，金融科技是未来最核心的竞争力。

金融科技的技术可概括为ABCDMIX：A即AI，是人工智能；B即BlockChain，为区块链技术；C即Cloud Computing，是云计算；D即Big Data，是大数据；M即Mobile，为移动技术；I即Internet of Things，是物联网技术；X为量子计算等还没有商用的前沿技术。

在金融科技布局上，目前已有5家大型国有商业银行和大部分股份制银行成立金融科技子公司。作为独立法人的机构，各家银行的金融科技子公司依托总行资源，正在以市场化机制，不断探索新技术、新模式。工行目前已经形成了“一部、三中心、一公司、一研究院”的金融科技组织架构，全力提升数字化、智能化金融服务水平。作为零售银行领头羊的招行很早就确立了金融科技银行战略定位，全力推进数字化转型，变革组织架构，建立扁平化、集约化和专业化的组织架构体系，以科技敏捷促进业务敏捷。

尽管如此，我国金融行业的科技投入占比仍然较低。中国银行业协会《中国上市银行分析报告2020》显示，2019年，国内大中型上市银行平均科技投入占营收比例约为2%，平均科技人员占比约为4%。而根据麦肯锡2018年发布的《全球数字化银行的战略实践与启示》报告显示，全球领先银行已经将税前利润的17% ~ 20%用作研发经费布局颠覆性技术，加速数字化转型。随着新基建上升为国家战略高度，人工智能、区块链、云计算及大数据深度融合，必将推动中国金融科技发展进入新一阶段。

第二，借助数字化和移动化手段，实现数字化运营，提供数字化服务。

在疫情期间，科技特别是数字化、移动化科技扮演了重要的角色，成千上万中小学生通过直播课堂、在线教育实现了在家学习；借助移动办公和远程视频等创新技术，包括金融行业在内的许多与国民经济息息相关的行业和企业实现了快速的复工复产。在后疫情时代，金融行业需要进一步提升数字化运营能力应对业务挑战。

（1）优化设计客户旅程

线上化服务尽管是不可逆的趋势，但由于监管要求或者复杂的金融服务需求，客户仍然需要经常前往银行网点办理必要事宜。而疫情期间，由于部分网点的临时关闭以及无接触服务的客观要求，让银行开始考虑如何借助手机银行重新设计客户服务旅程。一方面，借助金融科技手段将更多服务线上化，可以通过再造客户旅程提升客户体验，并围绕线上生活和移动生活方式改造银行的现有业务；另一方面，通过线上预约和预填单、线下网点扫码、一键对接服务以及交叉销售等旅程无缝结合，可以让客户的网点旅程变得更有计划、更高效和安心，银行也可以最大化利用资源，并为客户提供更优质的服务体验。

（2）构建商业敏捷和移动化能力

随着5G、AI和云的发展以及互联网的影响，客户习惯正向着移动化、个性化和无卡无现金转变，金融机构也正在通过数字化转型与移动优先等策略，让业务更加敏捷、与客户贴合更紧密。首先，加大移动办公平台建设，将资源最大化利用起来。例如各部门可以随时进行协同，员工在任何地方都可以分配和跟踪任务，客户经理在家也可以与客户进行沟通和营销等。其次，强化移动APP平台，借助超级APP等移动技术形成7×24小时统一的客户服务界面，客户可以享受一站式咨询、投资、保险、贷款、缴费等服务。再次，升级大数据和AI能力，对接更广泛的数据，确保金融机构可以更加主动、高效地进行压力测试和风险控制，前瞻性地进行资产重构。最后，建立开放、灵活的超级系统架构，让网点可以随需自主开发功能、开放服务到第三方平台，让金融机构与互联网各平台更高频地互联互通、紧密合作。

（3）加快智慧网点建设

借助5G、IoT、智能摄像机等技术终端，金融机构网点的运营将变得更轻量、更智能，可以智能识别客户、引导业务办理；借助智能柜员可以让更多专家参与客户的交互和服务；而借助智能温控、智能摄像和智能体验等，可以让网点更安全和舒适，同时让网点的管理和运营更高效；此外，区域中心也可以更进一步思考如何最优化设计网点分布和资源配置。

第三，培育金融科技产业生态。

从全球来看，各国均十分重视金融科技应用，政府相关机构出台了一系列支持和推动金融科技发展的政策措施。以英国为例，英国政府和金融监管机构对金融科技持鼓励和包容态度，英国金融行为监管局（FCA）成立了专门部门，对金融客户进行产业政策支持和引导；同时，大力推动监管科技应用，提出“监管沙盒”理念，积极利用金融科技提升金融监管能力。而且，英国财政部提出“金融科技振兴”策略，给予金融科技创新企业税收优惠。

我国金融科技产业生态体系主要由监管机构、金融机构、科技企业、行业组织和研究机构组成。其中，监管机构主要是根据国家相关政策法规，对提供金融科技服务的企业进行合规监管。金融机构主要是运用云计算、大数据、人工智能等先进计算，提供新金融服务。科技企业主要是为监管机构和金融机构在风控、营销、投顾、征信等领域提供新技术服务。行业协会和研究机构主要是进行金融科技产业研究，推动行业交流和标准制定，促进金融科技应用成果的经验分享和互动交流。构建金融科技生态圈的目的就在于打通金融科技研、产、用链条，形成新技术不断涌现、金融领域应用不断深化、金融产品服务不断丰富和提质增效的良性循环，更好地服务实体经济。

在金融科技生态圈中，金融机构在各金融业务领域积累了丰富的经验，这是其他主体短期内难以追赶的，而且金融机构作为连接上游技术创新与下游业务价值创造的核心转换环节，贯穿产业链始终，与技术提供者、信息提供者、行业服务者、市场消费者、市场管理者五种角色开展合作。各参与方统筹各自资源、协同各自诉求，找准合作点，通过产业联合、业务融合、跨界聚合，实现生态圈可持续发展和长期繁荣。

三、华为助力金融新基建，共建金融数字化

从1987年成立至今，华为经过了30多年的发展历程。进入数

字时代，华为同样面临着数字化转型带来的新挑战。2017年底，华为对数字化、智能化有了新的判断，也由此重新定位了公司的愿景和使命——华为立志把数字世界带给每个人、每个家庭、每个组织，构建万物互联的智能世界。所谓“自己造的降落伞自己先跳”。要帮助企业和社会实现数字化，就要先把自己变成全联接的智能企业，把自己做成传统企业数字化转型的标杆。因此，从2018年起，华为就决定把数字化转型作为公司未来5年的变革重点，希望通过打造“Digital First”，即实现全联接的智能华为，成为行业标杆，在追求客户满意的同时追求效率和效益提升，从而能够为构建万物互联的智能世界做出自己的贡献。

在新基建时代，数字技术的规模化应用将为金融企业的业务创新带来更大发挥空间。华为很愿意分享自身的数字化转型实践，并携手合作伙伴及广大金融客户一起运用科技手段解决金融业务需求，共创行业数字化转型新空间，共赢数字化金融未来。

数字化转型转什么？华为内部有五个转变：转意识，数字化转型需要的是业务与技术的双轮驱动，回归业务本质，为客户和用户创造价值；转组织，转型过程中往往需要在业务侧，由业务与IT组成一体化团队，基于同一的数字平台，共同开展数字化转型工作；转文化，数字化转型需要公司文化做出相应的改变，强调每个人从平台中拿什么，并能反哺什么到平台里去；转方法，实现对象数字化、流程数字化、规则数字化，在打好数字化基础的同时，不断丰富和完善数字化场景和方案；转模式，新增应用采用“云原生”方式构建，直接构建在云平台之上，采用微服务架构，DevOps敏捷开发模式。数字化转型不可能“一蹴而就”，要在方向大致正确的前提下，坚持持续的创新和优化，并以快速的应变来应对现在变化的时代。

构建数据基础设施，挖掘和释放金融数据要素潜力。数据有效应用和价值实现的前提是构建一个数据完整价值链条，包含数据采集、数据存储、数据分析以及数据智能，而数据基础设施的作用就是帮助千行百业的用户构建起“数据价值链”，释放数据价值。围绕数据的“采、存、算、管、用”，华为坚定不移地推进数据基础设施战略，并凭借领先的技术能力成为全球各行业数据存储与处理的优先选择。在金融领域，华为致力于帮助金融机构打造智能时代的创新数据基础设施，使海量数据释放出更大的价值，为金融业务创新赋能。

围绕“新核心”，全闪存高可靠方案和“两地三中心”方案帮助金融构筑最稳定的核心平台。金融核心系统是金融机构最重要的业务生产系统，是其综合业务处理的关键核心，必须保持“持续稳定”，时刻保障金融业务“恒稳在线”。为了提供敏捷的线上服务，金融机构逐渐引入混合云、多云环境，这就要求存储系统可靠性的发展需要跳出过去相对封闭的环境，以更广阔的视角匹配金融业务要求。华为OceanStor全闪存存储在NVMe全闪存的高性能基础上，创新性地通过盘控配合技术FlashLink，在帮助客户获得极致性能体验的同时，也保证了全闪存存储系统的寿命和数据可靠性。容灾建设则主要采取“两地三中心”的解决方案，通过“一键式”操作即可实现业务系统的高效恢复，保证核心业务稳定运行，实现“业务永远在线”。这两项解决方案在大量金融核心业务部署实践中均得到了有效验证，帮助银行构筑最稳定的核心平台，使之成为金融业务创新和数字化转型的压舱石。

围绕“新服务”，互联网金融存储资源池解决方案可以帮助客户加速业务创新。随着新兴金融科技的加速落地，金融服务线上化、数字化、智能化成为创新发展的方向。而这些创新服务应用强调快速与敏捷，业务开发上线的时间周期已经从原来的年、月级别下降到周级。互联网金融存储资源池解决方案提供针对数据库、虚拟化、大数据分析业务等不同场景的资源池，并通过标准化存储资源池架构，实现资源的快速发放，可以满足业务敏捷上线、持续快速迭代能力的需求，实现无处不在的线上金融服务。

围绕“新数据”，融合数据湖解决方案帮助金融机构具备对海量、多元化数据的处理能力，更好地挖掘数据价值，重塑精准获客、实时风控和精益经营等能力。传统的数据仓库平台通常处理能力在数百GB到数百TB不等，而一个大型现代银行平均每天产生的数据量都高达几TB甚至几十TB，每年的新增数据量则高达PB级别。同时，随着银行深入融入客户的场景化生活，每天会产生大量的非结构化数据，例如交易日志、图像和音/视频等，这些都给传统用来处理单一结构化数据类型和有限数据量的数据仓库平台带来了严峻挑战。华为融合数据湖解决方案，通过整合分布式数据仓库平台和大数据处理平台，具备了对结构化数据和非结构化数据同时处理的能力，以及实时数据处理和线下批量处理的能力，并借助分布式线性扩展能力来适应海量数据的处理需求。再加上AI的能力，包括数据处理、模型开发，还有模型训练这些能力，针对用户画像可以做得更加精准，把数据的价值更深地挖掘出来，包括实时风控、反欺诈等。

围绕“新渠道”，智慧网点解决方案帮助金融网点实现智慧营销、智慧运营、智能安防，提升运营效率，降低运营成本。目前我国银行业务离柜率已经超过90%，银行网点渠道迫切需要找到一条区别于线上渠道的发展路径，越来越多的传统网点准备改造升级为智慧网点。智慧网点解决方案以机器视觉、人工智能、办公室等创新技术为基础，创新性地采用“前端智能化”，将AI算法、前端智能架构等技术赋予到摄像机前端，让摄像机能够对视频数据进行结构化或半结构化处理，快速甄别数据，得出结果，帮助银行网点提高客户服务能力，为客户提供便捷的个性化服务。

携手伙伴，共建金融开放新生态。站在智能时代的入口，华为企业业务的定位是“Huawei Inside”，即通过“无处不在的联接+数字平台+无所不及的智能”，成为数字世界的内核、打造开放的数字底座，并致力于发展伙伴生态，为全球金融行业客户提供端对端的行业解决方案。在过去的10多年中，华为通过联合全球5400+家解决方案和服务合作伙伴，已经服务于全球60+个国家和地区的1600+家金融机构客户，积累了丰富的经验，建立了完善的生态。

在中国市场，早在2019年3月召开的华为生态大会上，华为、神州信息、民生科技、东华软件、中科软和华锐金融技术（6家理事会成员）共同发起成立了“金融开放创新联盟”（简称“联盟”）。联盟的愿景和目标就是为金融行业提供基于鲲鹏计算平台的全栈技术和生态战略，构建全行业、全场景解决方案，加速金融业的数字化转型，实现全产业的智慧升级。目前，整个联盟已汇聚了27家行业领先厂商，覆盖了银行、保险和证券各领域的核心应用厂商、平台厂商以及业务集成厂商。联盟成立以来，华为基于自身在云计算、存储、网络、大数据、人工智能等领域多年来核心技术上的沉淀，以及服务全球企业客户的丰富实践，携手行业ISV不断创新，同时积极参与行业规范的形成。

四、金融业数字化未来展望

金融是国民经济的命脉，现代经济的发展离不开金融。改革开放以来，我国金融体系取得了长足发展，特别是20世纪90年代以来，随着各类金融市场的逐渐建立健全，金融服务实体经济能力不断提升。我国经济已由高速增长阶段转向高质量发展阶段，正处在转变发展方式、优化经济结构、转换增长动力的攻关期，数字化是实现高质量发展的基本路径，数据作为关键生产要素，其叠加效应、倍增效应正在快速释放。2019年，我国数字经济规模达到35.8万亿元，占GDP比重超过三分之一，对GDP增长贡献率达68%，数字化引擎作用十分显著。金融业作为中国数字化转型引领者，在数字化转型过程中，应做好科技创新成果的领先应用，发挥金融业作为科技驱动型行业的创新示范效应，为其他传统行业数字化转型积极贡献实践经验。

金融业在数字化转型过程中，需要贯彻绿色发展理念，推动绿色金融科技深度应用。我国政府已经向国际社会做出“2030年前实现碳达峰、2060年前实现碳中和”的郑重承诺，金融业要勇于采用最新技术，早日实现碳中和。以数据中心为例，数据存储使用机械硬盘，能耗高、占用空间大，如果改用全闪存，能耗仅为机械硬盘的1/3。

金融业在数字化转型过程中，应坚持“金融为民、科技向善”理念，针对中小企业、“三农”、低收入群体等多元金融需求，促进金融科技应用加速向风险管理、流程管理、生态运营等环节渗透，践行普惠金融，更好地服务实体经济，助力消费领域供给侧改革，助推经济转型升级。

金融业数字化转型是一项复杂的系统工程，意义重大，任务艰巨。相信在金融管理部门、行业协会、金融机构、科技公司等多方共同努力下，我们一定能够不断提升金融业数字化水平，为加快构建新发展格局贡献金融力量。